資優學園 17

考試不再有壓力

總主編
陳 光

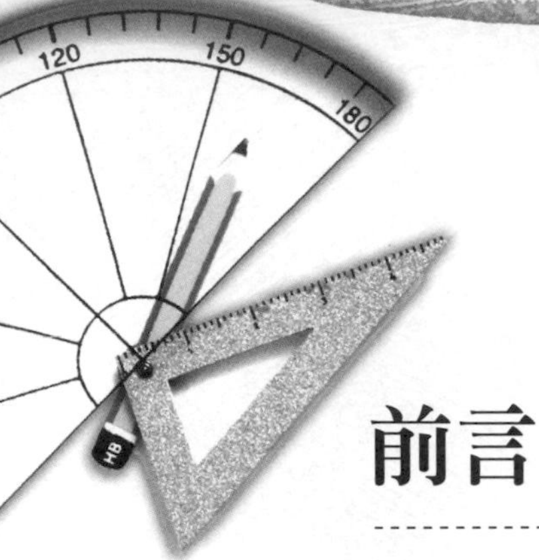

前言

如果有人這樣問你：「你是一個健康的學生嗎？」你或許會毫不猶豫的回答：「當然，你瞧，我壯得像頭小牛犢，從來就沒有生過什麼病。」可是，你是否想過呢？眞正的健康不僅僅是體格的健壯與否，還應包括心理在內的健康。因此，只有體格上的健康，其實還算不上眞正意義上的健康，因爲健康不只是體格健壯與否，還包括心理健康與否。

「心理健康佔有生命健康的一半比重！」——這是聯合國世界衛生組織提出的一個響亮口號。由此可見，健康，除了我們的身體沒有疾病，還應該有一個健康的心理。也就是說，一個人健康與否，應該從身體和精神來進行評價與衡量。

現在，有很多的同學存在著一些諸如膽小、憂鬱、孤僻、依賴、神經質、人際關係不良等心理問題，這就說明還有很多的同學在心理上還沒有達到眞正的健康水準。

那麼，怎樣才算心理健康呢？心理健康的標準又是什麼呢？

其實，心理健康也是相較而言的，絕對的健康是不存在的，我們往往長期處在較健康和極不健康的兩端連續線中間的某一點上。而且，我們的心理健康狀態是動態變化的，而非靜止不動的，既可以從相對的比較健康變成健康，又可以從相對健康變得不那麼健康。因此，心理健康與否是反映某一段時間內的特定狀態。由此看來，所謂的心理健康，說白了就是一個狀態的問題。如果你的狀態好，那麼你的心理就是相對健康的，如果你的狀態不好，那麼你的心理就不那麼健康了。另外，當我們偶爾出現一些不健康的行爲和心理時，並不意味著我們的心理健康有問題。因爲心理健康是在較長一段時間內持續存在的狀態，而不能只憑一些偶爾出現的現象來斷定。

那麼，我們爲什麼如此關注同學們的心理健康問題？原因很簡單：擁有健康的心理，可以讓你在學習上應付自如；擁有健康的心理，可以使你坦然的面對任何壓力；擁有健康的心理，可以幫助你處理好人際關係；擁有健康的心理，可以使你在考場上熟練的調整戰術、出奇制勝……等等。

雖然說心理健康沒有一定的標準，但至少應該包括以下幾個方面：

一、擁有正確的人生態度

正確的人生態度來自於擁有正確的認識。正確的人生態度包括正確的世界觀、價值觀、人生觀。如果你擁有正確的人生態度，你就會對周圍的事物和學習擁有較爲清醒的認識和判斷，既有遠大的理想，又有實事求是的精神，保持敏捷的頭腦，眼界開闊，立場堅定，既不保守，也不冒進……。總之，正確的人生態度會使你在對待學習、分析問題、處理問題時保持比較客觀、穩妥、熱情、積極的心態。

二、擁有知足常樂的心境

知足常樂的心境是健康心理的重要內容。心理健康的人對自己、對父母、對老師、對同學、對學習、對生活都比較滿意，沒有心理障礙。知足常樂的心境同樣來自於正確的認識。擁有知足常樂心境的同學，一般都會有自知之明，對自己的外貌、德才、學識有正確的分析。他們在別人的議論包圍中既不會被讚揚、歌頌沖昏頭腦，又不會因批評、責備而煩惱，因爲他們對自己心中有數，能從別人的議論中汲取有益的東西，對自己有清醒的認識，並能夠處於一種獨立自主的狀態，使自己對學習、對生活始終處於愉悅的狀態。

三、擁有良好的個性和健全的人格

良好的個性和健全的人格是健康心理的重要標誌。如果一個人無論在什麼情況下，都保持不卑不亢的氣質，做到自信而不狂妄、熱情而不輕浮、堅韌而不固執、禮貌而不虛偽、靈活而不油滑、勇敢而不魯莽，既有堅持到底的精神，又不頑固執拗，他就能夠始終保持堅強的意志，誠實、正直的作風，謙虛、開朗的性格，以及擁有健全的人格。

四、擁有良好的情緒和理智

人與動物的區別主要在於能夠控制情緒和擁有理智。健康心理是指我們有自我控制能力，而不是喜怒無常；擁有良好的理智，而不是意氣用事。不過悲、過喜、過憂、過怒，能夠用積極的情緒戰勝消極的情緒，始終保持熱情飽滿、樂觀向上的情緒。

上述的四個方面是我們在擁有一個健康的心理所必須具備的，同時也是本書著重進行探討的主要內容。本書主要透過對一些事例和故事進行剖析和詮釋，幫助中學生朋友解開重重的心理之謎，相信一定會對你有所啓發和幫助。

當然，由於我們水準所限，再加上時間倉促，在編寫的過程中，難免會出現一些掛一漏萬的現象或有所誤差。如承蒙學生朋友、家長、老師和廣大的讀者批評指正，實乃榮幸之至。

目錄

第一章
客觀地評價自己

1「我是誰？」

香港演員成龍，是大家熟悉的國際級影星。幾年前，成龍主演的《我是誰？》，曾經紅極一時。影片中，成龍扮演的特別突擊隊隊員傑克，和11名隊友被中央情報局派往南非，去搶奪科學家發現的一種具有極大殺傷力的奇異礦石。行動中，中央情報局人爲製造空難事件，傑克僥倖存活，但卻因爲失去記憶，而陷入了「我是誰」的險境。爲了找回「自我」，他經歷了一場場驚心動魄的打鬥。

著名作家亨德里克・威廉・房龍（Hendrik Willem Van Loon 1882~1944），在《人類的故事》（1921）等作品中，滿懷著人文主義關懷和理性、寬容、進步的精神，圍繞著「我是誰？」這些人類生存發展最本質的問題，用青少年都能看懂的語言講述了一個個成年人也同樣感興趣的內容。美國影片《珍妮的肖像》（Portrait of Jennie）中的女主角珍妮，當她與男主角，一位以賣畫爲生的畫家，在冬日的夜晚相遇時，她在唱歌：「我從哪兒來，沒有人知道。我去的地方，所有的人都要去……」這一片段，形象、生動地描述了一個探索自我並感到迷茫的年輕人的眞實感受。

像成龍扮演的傑克和《珍妮的肖像》中的珍妮一樣，我們身邊的很多中學生朋友們，也常常會陷入「我是誰」的思考。不過，這些朋友們並不是像傑克那樣失去記憶，不知道自己是「誰」，而是像《珍妮的肖像》中的珍妮一樣，在探索自我的努力中感到了迷茫和困惑。

這些中學生朋友們，渴望認識自我，常常對自己發問：「我是怎樣的一個人？我聰明嗎？我和別人有什麼不同？我有什麼特點？哪些是我的優點，哪些是我的缺點？……」

探索自我、認識自己、瞭解自己，客觀地評價自己，積極地欣賞自己、接納自己非常重要的。實際上，不光是中學生，每一個人都應該很好地去認識自我，真實地問一下——「我是誰？」

名師點評：明白「我是誰」，認識自己、接納自己，這是我們認識客觀世界的前提和基礎。如何知道「我是誰」，如何認識自己，更重要是如何接納真正的自己，這是擺在每一個青年甚至是每一個人面前的重要課題。

家長專欄：除了我們自己知道以及他人使我們確信我們有的天賦之外，還有一些才幹和能力是自己和他人都未曾認識到的。一個開發的方法就是嘗試新事情，在不斷的嘗試中認識自己。

學生收穫：每一個人都是一個宇宙，要認識這個宇宙，需要下很大的工夫。

2 如何認識自我

「認識自我」這句鐫刻在古希臘戴爾菲城那座神廟裡唯一的碑銘上，猶如一把千年不熄的火炬，表達了人類與生俱來的內在要求和至高無上的思考命題。尼采曾說：「聰明的人只要能認識自己，便什麼也不會失去。」

認識世界的基礎是認識自我，當一個人對自我的問題至少有個概括的認識之後，他才能談認識世界，否則，這個認識，將會是狹隘、片面、詭辯的。從這個角度來說，認識自我也是成功的第一步，這一步沒有走通，後面的路就會越走越窄，這一步走好了，下一步「認識別人」、「認識世界」就容易多了。

「認識自我」往往是一個漫長而艱辛的過程。因爲「自我」是天生的，從一個人第一次面對世界開始，這個「自我」就一直存在著，與我們形影相伴，大部分的人都認爲這些「自我」非常自然、非常必然，這種情況下，人們通常很難客觀地「認識自我」。

那麼如何認識自我呢？我想，要有認識自我的決心和感悟是第一位的，大家不是看到有許多人成天喊要認識自我，但從來沒有眞正認識過自我嗎？因爲他們就是從來沒有從自身尋找問題的根由，而是歸結於環境的影響，因此永遠不會認清自我，更加認清不了環境。此外還需要否定自己的勇氣，否定了自己，你的內心才能開闊，才能不被「自我」矇蔽，對眞相的追求才能更加徹底。

如今，隨著社會的不斷發展，人們對於自我的認識，也進入了一個突破性的新階段。事實上，每個人都有巨大的潛能，每個人都有自己獨特的個性和長處，每個人都可以選擇自己的目標，並透過不懈的努力去爭取屬於自己的成功。即使你處境不利、遇事不順，但只要你賴以自信的巨大潛能和獨特個性及優勢依然存在，你就可以堅信：我行，我能成功。一個人在自己的生活經歷中，在自己所處的社會境遇中，能否眞正認識自我、肯定自我，如何塑造自我形象，如何把握自我發展，如何抉擇積極或消極的自我意識，將在很大程度上影響或決定著一個人的前程與命運。換句話說，你可能渺小而平庸，也可能美好而傑出，這在很大程度上取決於你的自我意識究竟如何，取決於你是否能夠擁有眞正的自信。請記住，認識自我，你就是一座金礦，擁有自信、自主、自愛，你就一定能夠在自己的人生中展現應有的風采。

名師點評：如何認識自我，要意識到自己身為一個獨立的個體，在身體、情緒和認知方面都具有自身獨特性；同時也要知道自己是長期地持續存在的。不管外界環境如何變化，不管自己具有了什麼新特點，都要認識到自己是同一個人。

家長專欄：由於生活經驗還不夠豐富，大家仍然具有不夠全面和缺乏穩定性的特點，因此可以從能力、興趣和需要等方面嘗試著來認識自己。

學生收穫：認識自我的感悟和決心，推動我在認識自我的道路上前進了一大步。

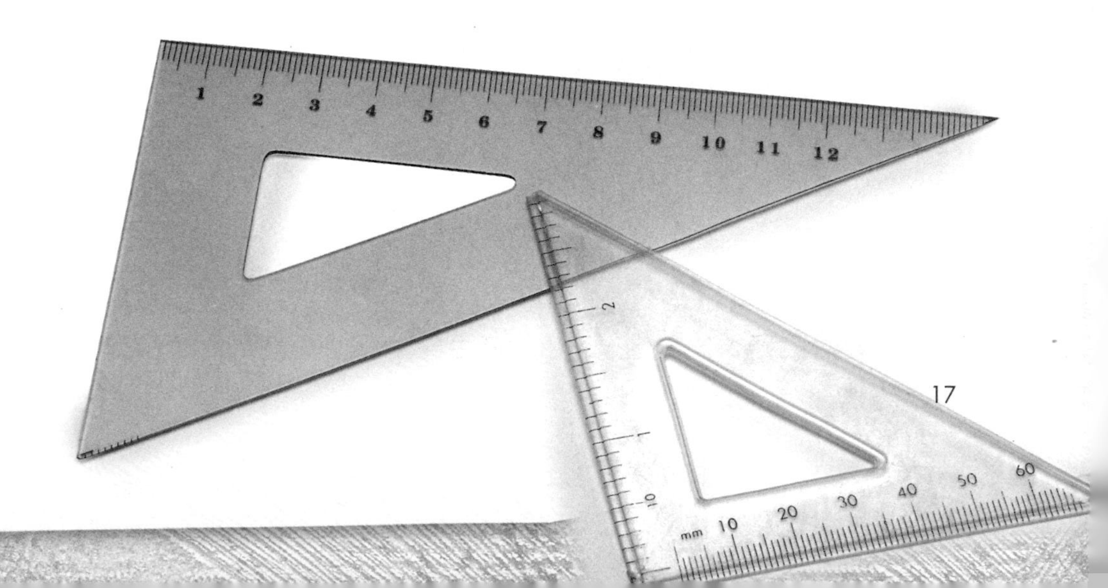

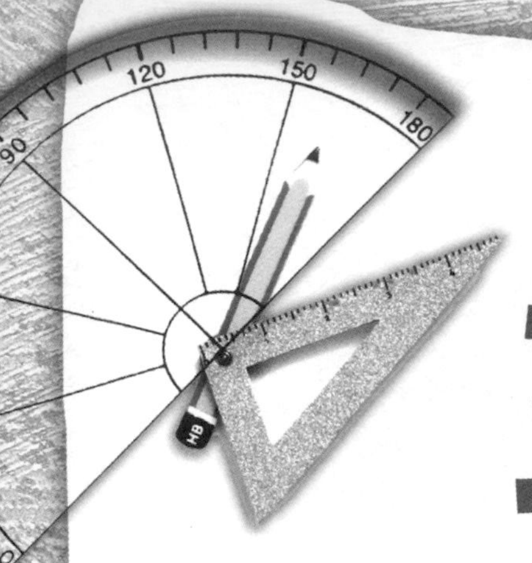

3 如何根治自負心理

15歲的雪瑩是一個漂亮的少女，學業成績不錯，小提琴也拉得很好，親戚朋友們都喜歡她、誇獎她。可是，她看不起別人，總認為自己比別人強很多，認為自己非常了不起，別人都不行，很少關心別人，朋友們都不愛和她玩。有一次，一位叔叔去她家唱歌，唱得不太好，雪瑩竟然指著他大聲說，叔叔是笨蛋。雪瑩這種自以為是的習慣是典型的自負，是對自己的不正確認識。

自負是以超越眞實自我為基礎的自傲態度和情緒體驗，是一種不良個性的具體體現。過分嬌寵的家庭教育是一個人自負心理產生的第一個根源，父母寵愛、誇讚、表揚，會使青少年覺得自己「相當了不起」。生活中的一帆風順，也很容易養成自負的性格。現在的中學生大多是獨生子女，是父母的掌上明珠，如果他們在學校又出類拔萃，老師又寵愛他們，就容易形成自傲、自負的個性。片面的自我認識往往導致自負的個性。自負者縮小自己的短處，誇大自己的長處。自負者也同樣缺乏自知之明，同時又把自己的長處看得十分突出，對自己的能力評價過高，對別人的能力評價過低，自然產生自負心理。當一個人只看到自己的優點，看不到自己的缺點時，往往會產生自負的個性。

人不能沒有自負。尤其對青少年來說，在適當的範圍內，自負可以激發他們的鬥志，樹立必勝的信心，堅定戰勝困難的信念，使他們能勇往直前。但是，自負又必須建立在客觀現實的基礎上，脫離實際的自負不但不能幫助人們成就事業，反而影響自己的生活、學習、工作和人際交往，嚴重的還會影響心理健康。

接受批評是根治自負的最佳辦法。接受批評不是讓自負者完全服從於他人，只是要求他們能夠接受別人的正確觀點，透過接受別人的批評，改變過去固執己見、唯我獨尊的形象。與人平等相處也能弱化自負個性。自負者視自己為上帝，無論在觀念上還是行動上都無理地要求別人服從自己。平等相處就是要求自負者以一個一般社會成員的身分與別人平等交往。要全面的認識自我，既要看到自己的優點和長處，又要看到自己的缺點和不足，不可「一葉障目，不見泰山」，抓住一點不放，未免失之偏頗。認識自我不能孤立地去評價，應該放在社會中去考察，每個人生活在世上都有自己的獨到之處，都有他人所不及的地方，同時又有不如人的地方，與人比較不能總拿自己的長處去比別人的不足，把別人看得一無是處。要以發展的眼光看待自負，既要看到自己的過去，又要看到自己的現在和將來，輝煌的過去可能象徵著你過去是個英雄，但它並不代表著現在，更不預示著將來。

名師點評：過度自負，過高地評價自己，是自我意識與客觀實際發生偏離的一種表現。一個人如果自視過高，沉湎於自我陶醉，就有使自己脱離現實、自我孤立的危險。

家長專欄：孩子的自負心理，與父母的過度寵愛和讚揚有關。一個合格的家長，首先是一個「獎罰分明」的「領導」，即對孩子的成績和不足能給予適當的表揚和批評。

學生收穫：每個人都喜歡聽好話，喜歡被讚揚。殊不知，批評和壞話也是別人對自己的一種關愛。學會接受這種關愛，就是尊重別人，也是善待自己。

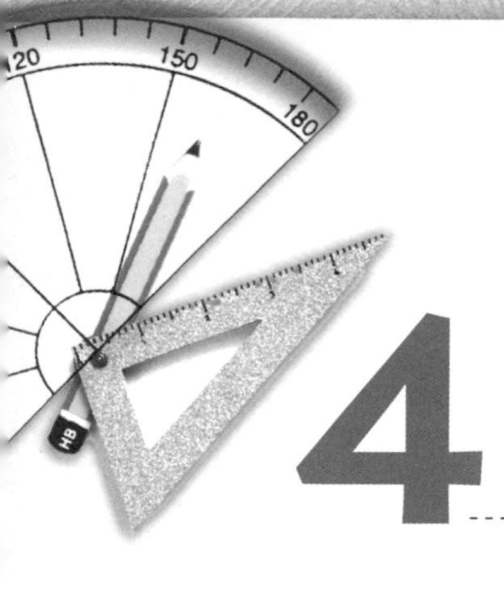

4 善意的謊言

一位母親第一次參加家長會，幼稚園的老師說：「妳的兒子有過動症，在板凳上三分鐘都坐不了。」回家的路上，兒子問她，老師都說了些什麼。她鼻子一酸，差點流下淚來。然而，她還是告訴兒子：「老師表揚你了，說寶寶原來在板凳上坐不了一分鐘，現在能坐三分鐘了。別的家長都非常羨慕媽媽，因爲全班只有寶寶進步了。」那天晚上，她兒子破天荒地吃了兩碗飯，並且沒讓她餵。

在第二次家長會上，小學老師說：「全班50名同學，這次數學考試，您兒子排第49名。我們懷疑他智力上有些障礙，您最好能帶他去醫院檢查。」回去的路上，她流淚了。然而，當回到家裡，看到誠惶誠恐的兒子，她又振作起精神說：「老師對你充滿信心。他說，雖然你現在不是第1名，但是只要能再努力些、細心些，你會超過同學們的，成爲第一的。」說這話時，她發現，兒子暗淡的眼神一下子充滿了光亮，沮喪的臉也一下子舒展開來。第二天上學，兒子比平時都要早。

孩子上了國中，又一次家長會。老師告訴她：「照妳兒子現在的成績，考明星高中有點危險。」她懷著驚喜的心情走出校門，告訴兒子：「班導師對你非常滿意，他說，只要你努力，很有希望考上明星高中。」高中畢業，兒子把一封印有清華大學招生辦公室的限時專送交到她的手裡，邊哭邊說：「媽媽，我一直都知道我不是個聰明的孩子，是您……」這時，她悲喜交加，再也按捺不住十幾年來凝聚在心中的淚水，任它滴落在手中的那個信封上。

在母親一次次善意的謊言中，孩子一次次地肯定自己。隨著信心的增長，能力也日見其長。這就是一種力量，自信的力量。一個人如果沒有自信，就看不到自己的優勢，即使身處優越的環境中，也會垂頭喪氣、心灰意冷，即使還是青春年少，心境也會顯得蒼老衰弱；相反，一個人如果充滿自信，就意味著能充分認識自己的長處和潛能，自我感覺良好，形成一種成功者的心態，善於抓住生活中的機遇，全心投入，使原本不可能的事變為可能，就像偉大的音樂家貝多芬能擲地有聲地說：「公爵之所以成為公爵，只是由於偶然的出身，公爵有許多，而貝多芬只有一個！」再如身材矮小的拿破崙、有小兒麻痺後遺症的羅斯福、少年坎坷艱辛的鉅賈松下幸之助、王永慶，這些人要嘛有自身缺陷，要嘛出身貧寒，但他們都對自己充滿自信，最終都成爲了成功人士。

名師點評：自信可以釋放人的各種力量：膽大、英勇、坦誠、開朗、樂觀、豁達、謙虛、熱情，自信的人熱愛生活、無所畏懼，自信的人勇於接受自己的缺點，看問題較客觀，較易接受現實，對自己較負責，較易控制自己的情緒，自信的人更富同情心，也更具愛的能力，人際關係不會太緊張。

家長專欄：叫孩子做的事情不要太難，若太難，就不能有所成就，沒有成就，孩子就會灰心下次就不做了。反之，做的不怎麼難，孩子就能夠勝任而有成就，一旦有了成就就可以增加其自信心。其成就越多，增加的自信就會隨著增多，自信增強，事情就越容易成功。

學生收穫：不要認為自己是無藥可救，因為世上沒有絕對的不可能，只要自己努力，任何事都不會難倒自己的。

5 如何正確對待自卑心理

小紅在國中成績很好，各方面表現也都不錯。但自從考入明星高中後就進入了消極自我評價的錯誤想法中。她習慣把自己的各項素質與班上最好的同學比，結果把自己看得一無是處，認爲自己學習能力不行、交際能力不行、動手能力不行、靜態活動方面也沒有特長，一天到晚抱怨誰都比自己強、誰都比自己棒，覺得這個世界對自己太不公平。

事實上，眞的誰都比小紅強嗎？不是的！只是因爲小紅自己瞧不起自己、自我評價太低，也就是說，小紅自卑到了極點。

自卑，是一種人格上的缺陷，一種失去平衡的行爲狀態。自卑常以一種消極防禦的形式表現出來，如嫉妒、猜疑、羞怯、孤僻、遷怒、自欺欺人、焦慮緊張、不安等。自卑使人變得十分敏感，禁不起任何刺激。

自卑對人的心理發展有很大影響。心理學家阿德勒認爲，每個人都有先天的生理或心理欠缺，這就決定了每個人的潛意識中都有自卑感存在。但處理得好，會使自己超越自卑去尋求優越感，而處理不好就將演變成各式各樣的心理障礙或心理疾病；另外，自卑容易消蝕人的鬥志，就像一把潮濕的火柴，再也燃不起興奮的火花。而長期被自卑籠罩的人，不僅心理活動失去平衡，而且也會誘發生理失調和病變。

自卑的人，總哀嘆事事不如意，老拿自己的弱點比別人的強項，越比越氣餒，甚至比到自己無立足之地。有的人在別人面前就面紅耳赤，說不出話；有的人遇上重要的會面就口吃結巴；有的人認爲大家都欺負自己因而厭惡他人。因此，若對自卑感處置不妥，無法解脫，將會使人消沉，甚至誤入歧途，陷入犯罪的深淵，或走上自殺的道路。

自卑本身就是消極的自我暗示，做事之前就對自己說「我不行」、「我沒什麼用」、「我不會做」，結果就眞的做不好，這種消極的暗示導致不必要的精神緊張和精神負擔，使自己的情緒充滿失敗感。結果做事情就束手束腳、畏首畏尾，主動性、創造性受到壓抑，自然就妨礙了成功。因此，要勇敢地暗示自己：「我行」、「別人能做的事，我也能做」、「有志者事竟成」、「事在人爲」、「堅持就是勝利」等，這樣會增加自己戰勝困難與挫折的力量，自卑也就逐漸丟在腦後。

要正確認識自己，要看到自己的長處。俗話說：「尺有所短，寸有所長。」、「金無足赤，人無完人。」每個人都有自己的長處與短處，既比上，又比下；既比優點，也比缺點。跟下比，看到自身的價值；跟上比，鞭策自己求進步。這樣，就會得出「比上不足，比下有餘」的結論。世上任何人都逃脫不了這個公式，明白了這一點，心理也就取得了平衡點。

認識到自己的長處，就要大膽地表現，在人群中樹立一個新形象。要相信自己的能力與價值，如一次發言，一次競賽，一次屬於你的機會，要積極自信地去做、去嘗試，因爲只有行動才是達到成功的唯一途徑，退縮與迴避只能帶來自責、懊悔與失意。要注意循序漸進，先表現自己最拿手、最容易取得成功的。有了一次成功，你會驚訝地發現，你也行，這樣自信心就隨之增強。再去嘗試稍難一點的事，以累積第二次成功，接著爭取更多的成功。

不要總認爲別人看不起你而離群索居。你自己瞧得起自己，別人也不會輕易小看你。能不能從良好的人際關係中得到激勵，關鍵還在自己。要有意識地在與周圍人的交往中學習別人的長處，發揮自己的優點，多從群體活動中培養自己的能力，這樣可預防因孤陋寡聞而產生的畏縮躲閃的自卑感。這樣，自卑就被逐步克服了。

鼓起自信的風帆，划動奮鬥的雙槳，你一定會發現一個生氣勃勃的你、一個瀟灑自如的你、一個成功的你！

名師點評：傑才也好，偉人也好，一般人也好，人們生活在這大千世界，只有地域、文化、種族的不同，而沒有誰優誰劣，誰好誰壞之分。人們的心理過程、心理潛力大致都是一樣的，有些人能成為音樂家、畫家、科學家等等，這是因為每個人的智力取向不同，機遇與自身努力不同，即使你不成為什麼家，也並不能說明誰都比你強。也許，你某方面的智力可能會有獨特於別人的優勢。

家長專欄：我們應當相信自己，假使你連自己都不相信，這個世界上還有什麼值得你信任的呢？很多人沒有自信是因為自卑心理，自己認為自己不行，自己都放棄了希望，那麼又能期望從別人那兒獲得希望嗎？

學生收穫：只有意識到自己的自卑感，才有可能走上克服自卑的道路，才能實現由自卑到自信的轉換。

6 正確地認識自己

對自己的優點和缺點能夠不誇大、不縮小地評價，就是客觀地評價自己，就是正確地認識自己。然而在現實生活中，正確地認識自己、客觀地評價自己並非易事。

我們平時經常聽別人說：「我對自己最清楚！」、「難道我對自己還不瞭解嗎？」

其實，講這些話的人之中，有些人對自己並未眞正地瞭解。他們對自己的天賦、學識、成績以及自己在別人心目中的地位等等，要嘛估計得過高，要嘛估計得過低。

對自己估計過高的人，往往自尊心過強。自尊心本來是一種可貴的素質，它能激發人的進取精神。但是，自尊心太強，卻容易產生虛榮心理，變成自我滿足和自我陶醉。這種人往往以自己的長處去比別人的短處，以爲自己處處比別人強，一旦別人超過了自己就不高興，進而產生嫉妒心。別人幸福和自己的不幸也將使他感到不悅，以致心情沮喪、牢騷滿腹。

相反，對自己估計過低的人，又常常會產生自卑心理，凡事都覺得自己不行，一味的自我貶低和逃避退縮。例如，在身體上嫌自己長得太矮、太胖或太瘦，懷疑自己的健康而鬱鬱寡歡；在學習上毫無進取之心，甘居中游、下游；在人際交往中總是一副慚愧、羞怯、畏縮、低人一等的樣子。這種人對外界的反應十分敏感，稍稍受到挫折就會心灰意冷，甚至產生厭世輕生的念頭，最終結果不堪設想。

親愛的同學們，你們有沒有犯過類似的錯誤呢？我們經常聽到身邊有人抱怨說：「我不是讀書的料，我天生就智商低，別人天生就聰明」…等等諸如此類的話，然後自暴自棄，毫不努力。誠然，每個人都必須接受命運的安排。你瞧運動員很早就發現自己跑得比別人快、跳得比別人遠，幾乎從小就不同凡響，然而天賦只是事情的一半而已，更爲重要的是，只有當他在教練的指導與琢磨下天天苦練，才會進步得更快。

我們每個人都各有所長、各有所短。短跑高手不見得能在長跑跑道上取勝；跳水健將未必在游泳池裡遊刃有餘。上天既然創造不一樣的人，人就要以不一樣的方式去充分利用自己的長處。如果你沒有認清自己，就註定會輸。所以，請全面、客觀地認識自己，盡可能做到「我就是我」吧！

名師點評：知人者智，自知者明。能夠正確認識自己的人是高明的人。對自己的優點和缺點能夠不誇大、不縮小地評價，就是客觀地評價自己，就是正確地認識自己。

家長專欄：成功和挫折最能反映個人性格或能力上的特點，因此，中學生可以透過自己成功或失敗的經驗教訓來發現個人的特點，在自我反思和自我檢視中重新認識自我，認識自己的長處和短處，把握自己的人生方向。

學生收穫：不要一味的覺得自己真的很能幹，似乎什麼東西自己都清楚，其實一個人的優勢和特長是有限的。

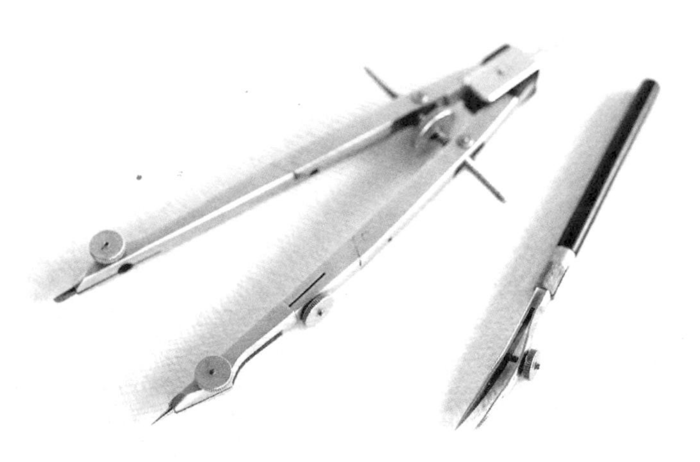

7 最偉大的人是你自己

一隻小老鼠從一間房子裡爬出來，看到高懸在空中、放射著萬丈光芒的太陽。牠不禁說：「太陽公公，你真是太偉大了！」

太陽說：「待會兒烏雲姐姐出來，你就看不見我了。」

一會兒，烏雲出來了，遮住了太陽。

小老鼠又對烏雲說：「烏雲姐姐，妳真是太偉大了，連太陽都被妳遮住了。」

雲卻說：「風姑娘一來，你就明白誰最偉大了。」

一陣狂風吹過，雲消霧散，一片晴空。

小老鼠情不自禁道：「風姑娘，妳是世界上最偉大的了！」

風姑娘有些悲傷地說：「你看前面那面牆，我都吹不過呀！」

小老鼠爬到牆邊，十分敬仰地說：「牆大哥，你真是世界上最偉大的了。」

牆皺皺眉，十分悲傷地說：「你自己才是最偉大的呀，你看，我馬上就要倒了，就是因爲你的兄弟在我下面鑽了好多的洞啦！」

果眞，牆搖搖欲墜，牆角下跑出了一隻隻的小老鼠。

名師點評：這個世界上我們每個人都是獨一無二的奇蹟，都是自然界最偉大的造化，長得完全一樣的人以前沒有，現在沒有，將來也不會有。物以稀為貴，所以只有正確認識自己的價值，對自己充滿自信，不斷發揮自身的潛力，才能將我們生存的意義充分體現出來。

家長專欄：只有認識到自己的偉大，認識到自己的特質，發現自己可以創造出來的價值，才能過自己更想過的人生。

學生收穫：每個人生來就是一名冠軍，是天生的贏家！

8 承認自己的缺點和不足

阿奇里斯是希臘神話中的一位勇士，在當時他曾南征北討，打了幾百次的仗，眞可說是天下無敵手。希臘的每一個人都非常崇拜他，甚至把他當作「戰神」來看待。對他的評價，就像我們對孔子一樣的尊敬，甚至更有過之而無不及。何以他會如此神勇呢？原因是阿奇里斯剛生下來的時候，他的母親爲了使他「刀槍不入」便抓著他的腳後跟，將他浸泡在「史蒂克斯河」中，用河水洗盡他全身。可是他媽媽萬萬沒想到手中握住的腳後跟，竟成了阿奇里斯的致命傷。縱使阿奇里斯叱吒風雲、不可一世，勁敵「帕里斯」趁他得意忘形的時候，一箭射中了他的腳後跟，他也就嗚呼哀哉了。

「阿奇里斯」的故事說明了一件事：每個人都有「弱點」，阿奇里斯難免，你和我更是難免。我們要如何去面對呢？

有一個有趣的故事：動物大學的董事們正在開會，目的是讓所有動物選擇什麼「課程」與「科目」來加強動物的能力。會議一開始，走獸類、水族類、飛禽類的代表紛紛發表其族的重要與優越性，最後的結果便是：每一種動物都必須學會「爬樹」、「游泳」和「飛翔」才能從動物大學畢業。

魚兒們為了學爬樹，爬了掉，掉了又爬；鱗片掉落了，鰭也破了，爬樹成績只得三十分。更糟的是，游泳本是魚類最拿手的，因為花了太多時間去學爬樹，又傷了鰭，所以這門課只得六十分，剛好過關。不用問就可以知道，松鼠學飛、鳥兒學游泳，那一定也很慘，沒有好結果。當然，這是一則笑話，只是想藉此故事告訴同學們：假裝自己沒有阿奇里斯腳跟的缺點，或完全不去理會自己的優勢，不但不能達到十全十美、一帆風順，甚至於還要付出更慘痛的代價呢！

一個人有勇氣面對、承認自己的弱點，便能有足夠的理智來分析、來因應，提出正確的行動。這時候，就是「轉弱為強」的時候了。

承認自己的缺點、面對自己的弱點之外，還要能欣賞自己的優點。承認自己長得醜時，也可驕傲的說「我很溫柔」；同學們面對自己「經濟不獨立，功課壓力重」的同時，可以慶幸的是「自己還年輕」、「年輕就是最好的本錢」，一個人能欣賞自己、願意做自己、接納自己、擁抱自己，才會有動力去點燃生命的亮光，然後才能用寬大的胸襟去接納別人、關懷別人。

名師點評：弱點總是要暴露的，正像優點也總會有機會表現出來一樣。而對待自己的弱點的坦然態度，正是充滿自信並進而比較容易令他人相信的表現。只要你確有勝於人處、長於人處，某些弱點的暴露反而更加說明你的弱點不過如此而已，而你的長處、你的可愛可敬之處，正如山陰的風景，美不勝收。

家長專欄：面對自己的缺陷與不足，只有學會認輸，才能正視自己的缺陷與不足。有錯和不足並不可怕，只要學會認輸，爾後知道自省，就能避免鑄成大錯以致最終抱憾終身。

學生收穫：如果自己有缺點，最好的辦法就是坦然地承認它。

9 學會「照鏡子」

要眞正認識你自己，還要瞭解你在別人眼裡的形象。只有這樣，才能更認眞地、更客觀地分析自己。每個人都應該學會照鏡子，在照鏡子的時候，可以看清楚自己的缺點和不足，並進行反思及加以改正，而當我們看到自己的優點的時候，就會增強幾分勇氣和自信心，這就會有可貴的「知之明」。

好朋友是自己的鏡子，能夠照出你的素質和愛好、你的興趣和志向，正像孔子所說的：「要想瞭解一個人，就去瞭解這個人的朋友。」古希臘的大哲學家蘇格拉底也曾經說過：「友人是第二個自我。」能夠做爲自己的鏡子，眞實地反映自我的朋友是最值得信任的。

有了這面鏡子，你就會有一個行動的參照標準，朋友的成功會促使你不斷地努力，朋友的失敗會告誡你不要犯同樣的毛病，朋友選擇的道路會使你看清楚自己的發展方向，朋友的豐富經歷也是你活生生的教科書。所以，盡可能的多結交朋友，記住你的朋友，互相幫助，你會擁有一個幸福的人生。

親朋好友的誠懇忠告是一面鏡子，周圍的人的故事和經驗是一面鏡子，自己的不斷解剖和反省是一面鏡子。這些鏡子會使你對自己的能力和水準以及你的生存大環境有一個詳細的了解過程，幫助你在做事情的過程中能夠度其輕重，找到適合自己的角色，很快能夠走上軌道。

聰明的人總是能夠不斷地照鏡子，不斷地走向完善。偉大的思想家魯迅先生最喜歡自我解剖了，只有這樣才會不斷地提升，使他的思想越來越高深。善於照鏡子的人能夠在人生的座標系中找到自己的位置，並且總是能夠驅利避害，成為掌握自己命運的人，在人生的戰場上決勝千里、運籌帷幄。

名師點評：人是很容易產生盲點的，眼睛生在自己身上，功能卻是用來看別人的。所幸的是，人們發明了鏡子，人們才得以很容易地觀察一下自身。可是，生活中，又有多少人能很好地利用鏡子，充分發揮鏡子的奇妙效用呢？

家長專欄：人非聖賢，孰能無過。要經常「照鏡子」，以便發現問題即時糾正，使自己不斷完善起來。

學生收穫：在別人身上看到自己的缺點，是最令自己感到生氣的事。

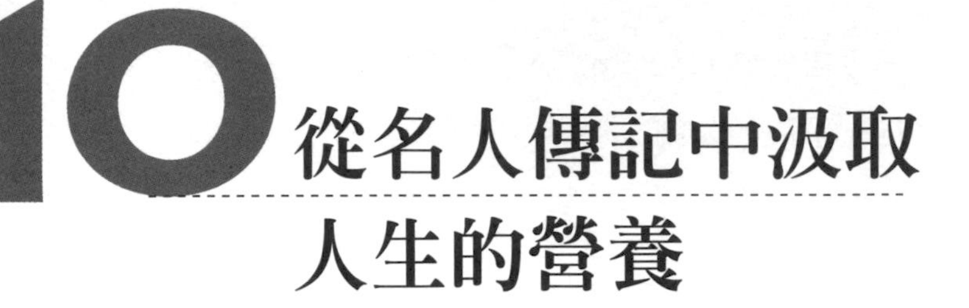

10 從名人傳記中汲取人生的營養

名人傳記是各行各業傑出人物一生奮鬥的生動寫照，這些文字記載了傑出人物一生的喜怒哀樂和悲歡離合，就像一面鏡子一樣讓人看到名人的堅強和軟弱之處。

一般大眾所熟知的名人的形象，都是他們站在人生舞台前那光輝燦爛的一面，至於他們在舞台後面流淚流汗苦苦掙扎的一面，卻無人知曉，媒體也很少報導，但是這些在名人的傳記中有誰會較為眞實的反映。因此，名人的自傳，使名人成了透亮的水晶體，他們的成長與奮鬥過程、感性與理性世界裡的一切得意與失意、朋友與親屬的人際關係、人生歷程中值得緬懷值得記錄的大事小事等等，全都纖毫畢露地躍然紙上。

名人傳記讀多了，我們發現這些聞名遐邇的傑出人物在奮鬥成名的過程中有一個共同點：他們全都具備百折不撓的驚人毅力。跌倒了，有劇痛、有鮮血，可是，他們沒有一蹶不振，而是繼續奮鬥、奮鬥、再奮鬥。另外一個有趣而又巧合的共同點是：

許多在事業上發光發熱的人，居然都不約而同的有著黯淡無光的童年——大約是因為順境使人安於現狀，逆境卻能令人發憤圖強吧！

讀名人傳記最觸動人心的是作者全無矯飾與掩飾的那一份坦白——透過一樁樁眞人實事，他們不但展示了自己成名後璀璨的一面，也揭示了自己成名前也許黯淡的一面。雖然說「英雄不問出身」，可是，在千家萬戶面前攤開自己生命裡的「疤痕」，沒有過人的膽識和勇氣是不行的。然而，話說回來，也正因爲這一份坦白，使千千萬萬的讀者能夠從中得到啓示、得到積極向上的鼓舞力量。

不僅是一般人，名人也懂得從名人傳記中汲取營養來充實自己，很多名人在談到成功經驗的時候，也常談到這一點。所以，智者總是能夠從名人傳記中汲取人生的營養，對於他們的成功經驗和征服困難的勇氣和策略要模仿和學習，摒棄他們黑暗的一面，進而使自己更加完美更加成熟。

名師點評：歷史名人都是歷史人物中的佼佼者，他們之中的大多數都曾站在時代的風口浪尖上奮力前進，或以其深邃的思想睿智推動了世界文明的進步，或以其叱吒風雲的政治生涯深刻地影響了歷史的進程，或以其在自然科學領域的巨大成就造福於人類。從他們的傳記中汲取營養，鞭策和激勵自己的人生，必將受益匪淺。

家長專欄：現在的家庭，生活條件有了普遍提高，但是由於父母的教育意識還不是很到位，往往重物質投入而忽視教育配比，應該鼓勵孩子多讀名人傳記，從名人傳記中汲取人生的營養。

學生收穫：讀名人傳記，要重視累積，做好讀書筆記和摘錄，真真切切地從書中獲得養料。

11 他人的意見也是一筆財富

義大利文藝復興時期，偉大的詩人但丁曾經對世人說：「走自己的路，讓別人去說吧！」這句話直到今天仍然是我們生活的座右銘。在現實社會中，每一個人都具有自然屬性和社會屬性，所以每一個人的周圍都有無形的規則在約束著自己。具體到對個人來講，有時候常常能夠使人陷入被動境地。所以，人們相信這句格言：走自己的路，讓別人去說吧！

的確，走自己的路，不管別人怎麼說，是人生應該有的態度。如果你在做一件事情之前總是擔心別人的眼光和別人的言論，你就會瞻前顧後，不能放開手腳來做。別人的眼光和言論成爲套在你頭上的緊箍圈，只要他們向你投來異樣的眼光或者在後面說幾句閒言閒語，你就會如坐針氈難以忍受。這樣你永遠都無法成熟起來，只能成爲別人的奴隸。

比如想要追一位女生不敢行動，因爲害怕別人的眼光和說法；不敢穿自己喜歡的衣服，因爲害怕別人笑你出風頭。這種對別人的言論和眼光極其敏感的做法實際上是一種缺乏自信的表現，這是一種強大的無形的牢籠，束縛著你的手腳。如果想要成功，你就不要太在乎別人的眼光和言論，你自己的事情一定要自己去爭取，不要做別人的奴隸，總是活在別人的陰影裡面難以自拔，這樣的人生必定是失敗的。所以要活出眞我，要珍惜自己擁有的，大膽追求自己喜歡的，努力實現自己的理想，不要被別人的眼光和言論限制。

但是，如果只是走自己的路，而對自己周圍的意見不加聽取，就會有脫離群眾的危險。一個人生活在紛繁複雜的人際關係和社會環境中，能夠排除別人的干擾，不瞻前顧後，堅持走自己選擇的道路，確實讓人敬佩。從這個角度講，「走自己的路，讓別人說去吧！」值得提倡。但當自己無法做出正確的選擇，或者對自己的選擇存有疑惑時，聽聽同事、朋友的意見，無疑也是十分必要的。

俗話說：「三個臭皮匠，勝過一個諸葛亮。」一個人不管多麼聰明，對問題的看法也不可能完全準確，即使對問題的看法正確，實現的過程也未必就能做到無懈可擊，而他人的意見恰能彌補這些不足。因此，從這個意義上說，別人的意見也是一筆財富，它能使我們集思廣益，拋棄那些帶有侷限性的想法，不斷矯正自己前進的方向，避免因意氣用事而走冤枉路，正可謂「兼聽則明」。聽取別人的意見，也表明對他人的尊重，有利於維護人們之間親密友善的關係，使自己獲得一個好人緣。

名師點評：相信自己而不盲目自信，謙虛地接受別人意見而不盲目聽從，要充分地瞭解和認識自己，知道自己的能力和擅長的方面，在能夠自信並且擅長的方面充分地相信自己，而在不太瞭解的領域或是不太懂得的時候適當地聽取他人的意見，結合自己的想法做出正確的判斷。

家長專欄：「常問路的人不會迷失方向」，我們不能依靠他人，但我們可以徵求他人的意見，尋找最好的方法。

學生收穫：誠然，我們應當堅持自己的信念，不為外人所干擾。但當別人是真誠地向你提出建議時，我認為我們應當虛心接受。

12 認眞而自信地做好你自己

小時候，我常常羨慕別人，因爲我不如周圍的孩子聰明，我不如身邊的女孩漂亮。後來我發現，我有他們所沒有的長處。我比他們更加勤奮、我比他們更加刻苦、我的學業成績也比他們更好。我穿的衣服沒有他們那樣昂貴，我的父母沒有他們父母有錢，可是我的知識比他們豐富、我的頭腦比他們更加善於思考、我的心靈比他們更加充實。

長大以後，我常常聽到周圍的人的慨嘆：「如果我是張學友就好了，我可以成爲一名歌星！」、「如果我是張柏芝就好了，那樣我就是有名的大明星！」、「如果我是馬拉多納……」、「如果我是貝多芬……」他們一直在羨慕別人，用別人的優點來比自己的不足而發出嘆息；事實上他們永遠不能夠成爲別人，因爲他們只能做自己。

日本江戶時代有位很出名的女藝人，名叫加賀千代女，有一位貴族請她去府上演出。當時府中的女傭都知道這千代女是鼎鼎有名的人物，便擁擠著想偷偷一睹她的芳容。沒想到千代女是個長相很醜的女人，所以當千代女要離開時，就有女傭在背後指指點點說：「我還以爲今天能看見個大美人，沒想到她竟是個醜八怪。她能成爲藝妓可眞奇怪，早知道我也不到廚房幹活，去台上賣醜還能出名呢！」

這譏笑的話還故意大聲說給千代女聽。千代女聽了這話之後，只微微笑著說：「雖有一抱之粗，但柳樹依然是柳樹。」

千代女的自信與睿智以及她從容不迫的態度，使在場的人對她更加佩服。

每個人都有自己的缺點，也都有自身獨特之處，事實上，你不可能成爲別人，你只能是你自己。何需去豔羨別人，只要認眞而自信地做好你自己。

有這樣一個故事：

有一個生長在孤兒院中的小男孩，常常悲觀地問院長：「像我這樣沒人要的孩子，活著究竟有什麼意思？」

有一天，院長交給男孩一塊石頭說：「明天早上，你拿這塊石頭到市場去賣，但不是『眞賣』，記住，無論別人出多少錢，絕對不能賣。」

第二天，男孩拿著石頭蹲在市場的角落裡，意外地發現有不少人好奇地對他的石頭感興趣，而且價錢愈出愈高。

回到孤兒院，男孩興奮地向院長報告，院長笑笑，要他明天拿到黃金市場去賣。在黃金市場上，有人出比昨天高出10倍的價錢來買這塊石頭。

最後，院長叫孩子把石頭拿到寶石市場上去展示，結果，石頭的身價又漲了10倍，更由於男孩怎麼都不賣，竟被傳揚爲「稀世珍寶」。

男孩興沖沖地捧著石頭回到孤兒院，把這一切告訴院長，並問爲什麼會這樣。

院長沒有笑，望著孩子慢慢說道：「生命的價值就像這塊石頭一樣，在不同的環境下就會有不同的意義。一塊不起眼的石頭，由於你的珍惜、惜售而提升了它的價值，竟被傳爲稀世珍寶。你不就像這塊石頭一樣嗎？只要看重自己，自我珍惜，生命就有意義、有價值。」

確實我們每個人都是無價之寶，無論是容貌雖醜陋卻才華橫溢的藝妓千代女，還是孤兒院裡的小男孩，生命本身沒有高低貴賤之分。不要自卑，要相信你自己是獨一無二的！做好你自己，挖掘出自身的潛力，你的人生會很精彩！

名師點評：人可以沒有美麗容顏、沒有聰明才智，但不能沒有了自己，失去了自己，便什麼都沒有，千萬不要埋沒了自己的本色和個性。拋棄了自己的路，就猶如水沒有了勇氣向前走，便會成了一潭死水一樣。

家長專欄：大劇作家易卜生曾説：「人的第一天職是什麼？」答案很簡單：做自己。但怎樣做好自己，並不是一件容易的事，需要家長和孩子一起學習，共同成長。

學生收穫：一個人如果熱愛生活，那生活將是他自信的泉源，最重要是做回自己。

第二章

如何開闢自己的人生道路

1 讚美是打開人際關係門的金鑰匙

讚美是人際交往中最佳的對話方式，每一個人內心的最深處都渴望得到別人的肯定和尊重，你的讚美正好使對方這種心靈深處的需求得到滿足，你的讚美同樣也是對方自我價値實現的一種方式。任何人都不會嫌棄對方對自己的讚美過多，所以在人際交往中千萬不要吝嗇你的讚美之詞。小孩子喜歡別人讚美自己聰明伶俐、中年人喜歡別人稱讚自己成熟穩重有智慧、老年人喜歡別人稱讚自己身體硬朗、詩人喜歡別人讚美自己的才華、科學家喜歡別人稱讚自己知識的淵博和精深、歌手喜歡別人說自己歌聲優美、演員喜歡別人稱讚自己演技高超……所以，讚美是每一個人必備的社交技能，它不僅會使你輕輕鬆鬆處於有利地位，甚至有扭轉時機化腐朽爲神奇的功效。

尋找別人的長處來褒揚並非難事，俗話說：「山外青山樓外樓。」人人都有棋高一招的時候，懂得欣賞一個人不僅非常有用，而且能夠使別人瞭解到你的品味之高，進而提升自己的威望。因爲讚美是一種把自己的謙恭展現給夥伴的一種禮貌的方式，進而使自己成為別人喜歡的人。聰明的人都明白這個道理，他們總能夠在適當的場合自如地運用讚美的技巧，進而提高自己的威望，建立良好的人際關係，這正是他們的聰明之處，而愚蠢的人則反其道而行之：他們總是貌似聰明地找出別人的缺點來加以批評，而對別人的優點視若無睹隻字不提，或者總是當眾找出不在場的人的缺點嗤之以鼻來取悅在場的人。這種愚蠢的行為如果在自己的小圈子中還有一點點餘威，但是常常成為別人的笑料，或者成為一場是非的開始。這些愚蠢者輕視他人，喜歡搬弄是非，往往是因為他們的無知，因為他們看不見別人的優點，只看到別人的缺點，所以不懂得欣賞別人，而總是喜歡用放大別人的缺點的方式來顯示自己的高明，這些人實際上是自甘落後，往往惹人討厭。

要想與人和睦相處，必須懂得和遵守人際交往的法則，要學會欣賞別人。一個人一生中要交很多朋友，要與無數的人交往，在交往中最重要的是要善於打開每一扇人際關係的門，而打開這扇門的金鑰匙就是合適而靈活的讚美。請記住，幸福美好的人生從讚美開始。

名師點評：希望得到別人的注意和肯定，這是人們共有的心理需求。讚美是最能滿足這種需求的。學會讚美別人，要時時留心身邊的人和事，多發現別人的優點，真心誠意地讚美你周圍的人，在讚美時把握分寸，讚美得恰如其分。

家長專欄：讓孩子學會讚美別人，要在日常生活中潛移默化的培養，讓孩子感受到被讚美的幸福和快樂，才能夠推己及人，養成隨時讚美別人的習慣。

學生收穫：我們都渴望別人的眼睛，渴望別人的讚美。這是每個人都會有的渴望。由此而及彼，別人也渴望我們的讚美。所以，學會讚美別人將會成為我們處世的法寶。

2 誠實是靈魂美的核心

誠實是與人和睦交往的重要前提，更是一個人為人的根本。

俗話說：「鳥美在羽毛，人美在靈魂。」靈魂美，即人的道德品格、精神境界、思想意識和志趣情操之美。托爾斯泰說：「人不是因為美麗才可愛，而是因為可愛才美麗。」一個外表很美的人，當你發現他的靈魂十分齷齪的時候，那他給人的美感就漸漸消失了。相反，一個外表醜陋的人，如果我們一旦發現他的心靈美好、行為高尚，我們就會忘記他的醜陋，甚至覺得他變得好看起來。靈魂美是高尚的，靈魂美的核心是誠實，因此，誠實也是一種美。

對一個人來說，擁有誠實是本質的美。它比外在美更重要。比如，你到書店去買一本書，找了很

久找不到你要的書。你急得團團轉，不得不和顏悅色地去詢問一位長得很漂亮的女售貨員再找找，她怕麻煩，嚷道：「沒有就沒有了，你囉嗦什麼！」這時，一位中年男售貨員過來，問明情況後熱心地到書庫裡找到了這本書。你一定會打從心裡感謝他，他那美好印象深深地刻在你腦海裡。儘管那個女售貨員長得很美，但你並不覺得她美。正如一位學者說：「人的肉體和外貌的美，只有被他的內在精神所照明的時候，才是眞正的美。否則，他的美就具有虛僞不實的性質。」

誠實的美表現在與人交往中，就是要講眞話，守信用，不說謊，不欺騙。一篇「狼來了」的故事就告誡人們，如果一個人不誠實失去信譽就得不到別人的認可和幫助。有句諺語說得好：「謊言會使終生無友，誠實是友誼的紐帶。」一個正直的人，不僅不會對別人不誠實，也不容忍別人的不誠實。對人誠實的行爲和態度，在日常生活中常常體現在：待人接物熱情大方，和藹可親，言而有度，眞實可信；不以己之長比他人之短，實事求是地評價自己和他人。

愛美，是人類的天性。芬芳的花卉、美妙的音樂、壯麗的風景、明亮的月色、崇高的人格、誠實的品德……美的事物可以說多種多樣，社會的進步正是人類對美的追求的結果。朋友們，誠實是一種美，讓我們張開雙臂擁抱它吧！

名師點評：誠實是人的最基本道德，雖然誠實在現實中很容易吃虧，但是，摸著自己的良心，盡量說誠實的話，做誠實的事，在稍長的未來來看，沒有比誠實更讓朋友值得信賴了。誠實是處世最可靠的方針，乃是經驗之談。

家長專欄：做一個誠實的人是美好的，做一個真正的誠實的人也是不容易的。但願我的孩子能夠一輩子記得這句話——我要做一個誠實的人。

學生收穫：華盛頓的父親告訴他，誠實要比一棵櫻桃樹重要的多。

3 眞正的成功者善於聆聽

一位美國女作家曾說過：「溝通的最高境界就是靜靜聆聽。」我認爲，聆聽不僅表現出對他人的尊重，也展示著寬容謙遜、通達睿智的人格。

每個人的認知都有侷限，誰都不敢保證比他人所知更多。因此，學會聆聽，你就擁有了觀察世界的第三隻眼睛──包括審視自我。常言道：「當局者迷，旁觀者清。」我們個性中的缺陷，僅憑自我省悟，往往難以明察秋毫。他山之石，可以攻玉；他人之眼，可以善我。聆聽是審視自我、完善自我的必經之路。

在一次會議上，微軟總裁比爾・蓋茲受到嚴厲指責，一名技術員指出公司開發網路瀏覽器進度滯後。蓋茲略做沉思，決然自責，並向與會者誠懇道歉，進而宣告「微軟」經營方向的轉型。蓋茲後來談起這件事時說：「不想在面子問題上浪費時間，那是沒有意義的。特權會使人腐化，但我想保持前進的動力。」當年的毛頭小伙子一躍而爲世界首富，這樣的成功並沒有塞住蓋茲的耳朵，學會聆聽，無疑是他成功的重要原因。

眞正的成功者善於聆聽，他們的謙虛來自高度的自信，自信是睿智的果實，睿智將因聆聽而更睿智。而那些自命不凡、心胸狹隘、閉目塞聽的人，他們的自負實際上是無知的外衣，無知會因閉塞而更無知。

雖然聆聽為我們的判斷開闢了一條新的途徑，但聆聽卻絕對不能代替自我的分析和判斷。我們不光要學會去「聽」，還要有足夠的能力去「擇」。懷疑所有人和相信所有人的錯誤都是一樣的。只有把自己的判斷建立在充分思考和分析的基礎上，我們才有理由相信它。也只有這樣，我們的聆聽才有價值，我們才可以說是眞正學會了聆聽。

不去聆聽，走自己的路，是一意孤行；只去聆聽，踏別人的路，是邯鄲學步！一意孤行是昏庸，邯鄲學步是愚蠢。思而不聽則滯，聽而不思則亂！我們必須學會聆聽，用聆聽和自信澆注我們的心靈，為我們心秤的準星找到精確合理的度。

學會聆聽吧！學會了聆聽，也就學會了一種通達、睿智的生活態度，也就邁開了堅實自信的生活腳步。

名師點評：一個好的聆聽者會做到以下幾點：

◆記住說話者的名字。

◆用目光注視說話者，保持微笑。

◆身體微微傾向說話者，表示對說話者的重視。

◆瞭解說話者談話的主要內容。

◆適當地做出一些反應，如點頭、會意地微笑、提出相關的問題。

家長專欄：孔子講「三人行必有我師焉」，認真聽對方的談話或多或少可以使自己受益。在聆聽對方談話時，要自然流露出敬意，這才是一個有教養、懂禮儀的人的表現。

學生收穫：學會聆聽才不自滿、才不孤獨、才開眼界、才見學問；學會聆聽才善於思考、富於創意、從容冷靜、虛懷若谷，這樣的人充滿魅力。

4 牢牢記住對方的名字和面孔

人際交往中，人對人的第一印象非常重要，日常生活中，善於把握機遇的人常常會給人留下很好的第一印象，這樣會使自己在以後的交往中佔據一個十分有利的地位。如果第一次見面，無論是經過別人介紹還是自己直接交往，一定要牢牢地記住對方的名字和面孔。如果第一次能夠做到這樣，在第二次見面的時候，你能夠流利地說出對方的名字，會讓對方有一種很欣慰的感覺，對方會覺得自己在別人眼裡很受重視，這樣對方就會對你另眼相看。如果第一次見面，大家只是隨便說說，隨便講幾句話就匆匆分開，但你一定要記住對方的面孔，如果下一次在公眾場合見到對方能夠很快認出對方，並且叫出對方的名字，對方會倍感興奮。因為茫茫人海，眞正有人能夠注意到你、重視你是一件很幸福的事情。這樣對方也會注意到你，並且會對你十分尊重。

心理學家的研究顯示，一個人最高層次的需求其實是被別人肯定、被別人尊重的需求，你能夠在和別人第一次見面的時候就

很清楚地記得對方的名字和面孔，的確使對方感覺到這種被人尊敬和重視的心理得到了滿足，因此，對方也會在適當的時候回報你。其實對一個智力正常的人來講是沒有什麼難度的，主要是你要養成這樣一種交往的好習慣，要培養自己的這種意識。

聰明的人常常能夠在第一次見面的時候就能夠和對方很好的交流，然後牢牢記住對方的面孔和名字，在以後的交往中就如魚得水，而愚蠢的人常常認爲無所謂，在第一次見面的時候，沒有認眞地記憶，造成以後再見面時就常常忘記對方的名字，甚至不知道對方是誰，這樣就形成了一種人際的隔閡，對方覺得他在你的心目中根本沒有地位，會產生一種抵觸心理。如果以後再要找機會去修復這層關係就比較難了。

第一次見面時，牢牢記住對方的名字和面孔，你的生活可能就在這樣一次次不經意的記憶中發生改變。

名師點評：迅速而正確地喊出別人的名字，正表示出你對他的關心是多麼的深切。被我們所關懷的人的名字當然不會忘記，愈不被關心的人，他的名字就愈容易忘掉，所以當我們忘了一個人的名字時，就等於坦白地表示：我毫不關心你。這時候，你再想用其他的言語來解釋你的疏忽，都為時已晚！

家長專欄：記住別人的名字——不但能縮短人與人之間的心理距離，而且更能贏得別人對自己的好感，可以說是人生最重要的處世法則。

學生收穫：自己的名字，如果從別人口中叫出，那會是多麼悅耳動聽的語言呀！盡可能的，你也把這樣同等的歡愉給予別人吧！

5 鼓勵是邁入新的一天的動力

專欄作家鮑伯・格林有一次問籃球界的傳奇人物麥可・喬丹，爲什麼他在比賽的時候希望父親能到場，喬丹回答說：「當父親坐在觀眾席上的時候，我就好像吃了一顆定心丸一般，因爲我知道，就算全場噓聲四起，我至少還有一個忠心的球迷默默地爲我加油。」

不管你是個多麼強大、多麼自信或是多麼受歡迎的人，當你面臨嶄新的挑戰、困難的景況，或是處理枯燥的工作時，如果感受到支持者衷心的鼓舞，所有的問題都能夠迎刃而解。正是因爲這個道理，你也有必要成爲別人忠心的支持者，爲他們鼓勵、加油。就算是一些小小的協助或支持，對於受到協助的人而言，也具有同樣的意義。

有人說：「鼓勵是邁入新的一天的動力。」有了鼓舞的力量，人們會因此而對自己更有信心，並且獲得足夠的力量繼續前進，爲了達到理想中的境界而全力以赴。哪怕是微不足道的話語、動作或是簡短的稱讚、鼓勵，都可能對那個人的生活造成非常深遠的影響。遺憾的是，我們未必肯抽出時間和他人分享自己衷心的感受，或是用一些鼓舞的話語讓他人感到欣喜。

我們要學會協助別人建立起自信及自重，讓他們深信自己有能力。要讓人們瞭解到自己的重要性並且看到自己的努力受到肯定。對於別人的成功衷心地感到興奮，成爲給別人加油打氣的啦啦隊隊長，凸顯別人的貢獻以及長處。每天帶著溫暖的陽光去上班，並且把這樣的溫暖散播給和你共事的每一個人。

其實，大家都需要鼓勵，當然，如果沒有鼓勵的話語，大家照樣生活，就好像幼苗沒有肥料的滋養，依然會繼續成長。但是如果沒有這種溫暖的鼓勵的滋養，一個人的潛能就無法得到充分的發揮，而且就像是沒有肥料的樹木一樣，成功幾乎不可能在這樣的環境下開花結果。

對於鼓勵他人的人來說，就如同送人鮮花的手總會留有

餘香。在任何情況下都是受歡迎的。

名師點評：最成功的人往往是那些積極進取、樂於助人、能適時給他人鼓勵和讚美的人。身居高位之人，往往會鼓勵他人像自己一樣快樂和熱情。

家長專欄：對孩子抱積極鼓勵的態度，對他們做得好的事情予以讚揚。微笑和鼓勵永遠比粗暴的懲罰更能使孩子形成良好的行為。

學生收穫：在我們成長的過程中希望能夠從父母和朋友那裡得到鼓勵和支持，我也對我身邊的人這麼做。

6 幫助別人是一種收穫

讓我們先從一個故事開始。

兩個釣魚高手一起到魚池垂釣。這兩人各憑本事，一展身手，隔不了多久的工夫，皆大有收穫。後來魚池附近來了十多名遊客，看到這兩位高手輕輕鬆鬆就把魚釣上來，不免感到幾分羨慕，於是都到附近去買了一些釣竿來試試自己的運氣如何。沒想到，這些不擅長此道的遊客，最終一無所獲。

聽說那兩位釣魚高手，兩人的個性完全不同。其中一人孤僻而不愛搭理別人，享受獨釣之樂；而另一位高手，卻是個熱心、豪放、愛交朋友的人。愛交朋友的這位高手，看到遊客釣不到魚，就說：「這樣吧！我來教你們釣魚，如果你們學會了我傳授的訣竅，釣到的魚每十尾就分給我一尾，不滿十尾就不必給我。」雙方一拍即合，都表同意。教完這一群人，他又到另一群人中，同樣也傳授釣魚術， 依然要求每釣十尾回饋給他一尾。

一天結束了，這位熱心助人的釣魚高手 ，把所有時間都用於指導垂釣者，獲得的竟是滿滿一大筐魚，還認識了一大群新朋友， 同時，這些人左一聲「老師」，右一聲「老師」，讓他備受尊崇。

同來的另一位釣魚高手，卻沒享受到這種服務人們的樂趣。當大家圍繞著其同伴學釣魚時，那人更顯得孤單落寞。悶釣了一整天，檢視竹簍裡的魚，收穫也遠遠沒有同伴的多。

這個故事告訴人們，當你幫助別人獲得成功——釣到大魚之後，自然在助人爲樂之餘而得到回饋。這麼美好的事情，我們有沒有理由不去做呢？

幫助別人是一種美德，更是一種收穫；與人分享，實際上你並沒有損失什麼，相反你卻收穫了更多、進步得更快。

名師點評：要捨得施善，健康心理的標誌之一就是富有愛心和同情心。但不要把幫助別人僅僅當作是對別人的施善。幫助別人不僅讓被幫助的人得到實惠，自己也可以得到對方的信任、真摯的情感和付出後的欣慰。能幫助別人説明自己有為別人解決問題的能力，是生活的強者，能讓自己深切地感受到存在的價值。

家長專欄：捨得愛才能得到愛。得到愛自然是最快樂的事。

學生收穫：助人為樂，人樂我樂；與人方便，自己方便。

7 學會說「不」也是一門學問

幫助別人是很多人的信條，因爲幫助別人是一種很好的社交方式，會使你得到良好的聲譽，同時也是一種投資，因爲今天你幫助了別人，別人欠了你的人情，總是在你需要幫助的時候來幫助你。是的，幫助別人是一種美德。但是，在很多情況下你需要對求助的人說「不」。比如，當你的同學要求你協助他考試作弊的時候、當你的朋友來請求你去做一些你自己不喜歡做的事情的時候、當你自己力不從心的時候，你就需要說「不」。說「不」，不僅僅是一種對事情的理性判斷，更需要很強的能力和藝術性，這需要你的準確判斷和委婉的表達技巧。在很多時候，你需要委婉地拒絕。因爲你答應幫人又幫不好，常常會是自己的信譽受損，甚至會使對方產生受騙的感覺。之所以要委婉，是爲了使你的拒絕不傷害別人的心靈。

我們必須明白，我們不可能把任何東西都贈送給所有的人，給予和拒絕是同等重要的，因此在應該拒絕的時候一定不要猶豫不決。但是回絕別人不要回絕得太死，絕不要一回絕就徹底回絕：那樣一來，人們就不再指望你了。應該總是留一點希望的餘韻，使得拒絕帶來的痛苦略增甜味。比如一位朋友向你借錢你可以這樣說：「我很高興你這麼信任我，我也很想幫你的忙。」最後再說一些鼓勵的話。

「可」與「否」說起來很簡短，可要說得妥當，眞叫人煞費苦心。學會說「不」是一門學問。

專家評點：學會說「不」是一個里程碑，是心理成熟的重要標誌。永遠不要勉強自己去做違心之事，拒絕並非意味著傷害，恰恰相反，正是珍惜對方的表現，因為拒絕的同時，表明你重視彼此的感受，珍惜彼此的時間。

家長專欄：在孩子成長的過程中，必須學會說不，學會拒絕，不僅重要，而且必要，它幫助你鑑別真正的朋友，它幫助你保持友誼的本色。

學生收穫：學會拒絕是一種自衛、自尊。學會拒絕是一種沉穩的表現。學會拒絕是一種意志和信心的體現，學會拒絕是一種豁達，一種明智。學會拒絕，才能活得真真實實、明明白白。你就會活出一個真正的自己。

8 請求別人也是一門學問

前幾年，社會流傳著「萬事不求人」的格言，被很多年輕人奉爲經典而津津樂道。客觀來講，這種觀點要求人要能夠獨立、自立、自強不息，這是好的一面，但是，要眞正在實踐中做到「萬事不求人」是絕對不可能的。因此，要想成功，必須拋棄這種「萬事不求人」的說法和做法。

在社會交往中，我們總是有求於別人。這是現代社會的專業分工所決定的，沒人能夠包辦一切。例如，學習上遇到困難，請求老師或同學幫助；請求家長爲自己購買某種物品；生病了就要去請求醫生幫你治療；手頭實在很緊的時候，就要找朋友借錢；迷路了就要請求別人指路；不懂的知識就要請求別人來幫忙……這些請求並沒有不合適的地方，沒有必要爲自己去求別人而懷疑自己的能力。如果一個人生病了不去找醫生、迷路了不去問別人、沒錢了不去借錢……那麼，他（她）的生活就難以維繫，他（她）的生命就難以維持。所以說，那些宣揚「萬事不求人」的人，其實是在說謊，他們還活著的事實就告訴他們自己，他們根本沒有「萬事不求人」。

狼有狼道，蛇有蛇蹤，請求別人也是一門學問，在實踐中要注意以下幾個方面的問題：

一、請求用語不可少。我們通常使用的請求語，有「請」、「勞駕」、「有勞您」等一些詞語。這些看似簡單的請求語，實際上卻反映了一個人的自身修養，也反映了人與人之間應該具有的相互尊重和相互平等的關係。

無論要求別人做什麼，都應該「請」字當先。如果你有疑難需要別人指點，你應說：「我想請教一個問題。」；在商店裡買東西，你對服務員說：「請您拿這支筆給我看看。」；你要問路，一定要以「請問」開頭。即使在自己家裡，當你需要家人爲你做什麼事時，也應當多用「請」字。一定要養成多用請求語的良好習慣。

二、態度要眞誠。向人提出請求時，要態度謙卑、語氣懇切。向人提出請求時，無需低聲下氣，但也絕不能居高臨下，而應當是語氣懇切、平等相待。因爲這是你在提出請求，對方並沒有義務非得照你所說去做。即使是你邀請同學到你家去玩，也應說：「請你今天下午到我家來玩好嗎？」你絲毫沒有理由擺出一副施恩於人的樣子。

三、表述方式要合適。提出請求時，要先道歉，再提出。這裡的道歉不是主要意思，而是表明自己的請求可能給對方增添了麻煩，事先表示歉意。如：「對不起，請問……」；「很抱歉，能不能麻煩您……」這樣，在表示歉意之後，再提出請求，容易讓人接受。

四、做好被別人拒絕的心理準備。如果你提出的請求，被對方拒絕了，這時你應當理解、諒解。不能強人所難，也不能因爲人家謝絕了你的請求，就給人家臉色看。接受請求與不接受請求完全是別人的自由，而且你必須同樣表示謝意，否則是失禮的表現。

名師點評：萬事不求人，只會吞下自我封閉的苦果；團結一致，緊密協作，才能走向成功。團結就是力量，合作就是力量。要想成功任何人都需要他人的幫助。卡內基說過「一個人的成功，只有15%是由於他的專業技術，而85%則要靠人際關係和他的為人處世能力」。

家長專欄：無論在學習上、生活中，任何人都需要得到別人的幫助與支持，萬事不求人的人是不存在的。

學生收穫：透過交往，在滿足他人需要的同時，又得到了他人的報答，使同學之間的友誼不斷得到鞏固和發展。

9 團隊的力量可以創造奇蹟

一滴水要想不乾涸就要融入大海，一個人要想與人和睦相處，必須學會融入團隊。

一個優秀的人總是能找到自己在團體中的位置，能自覺地服從團體運作的需要，能把團體的成功看做發揮個人才能的目標，他就不是一個自以爲是、好出風頭的孤單英雄，而是一個充滿合作熱情、能夠克制自我、與他人共創輝煌的人，因爲他明白離開了團隊，他將一事無成，而有了團隊合作，他可以與別人一起創造奇蹟。

學過植物學的人大都知道，世界上的植物當中，最雄偉的當屬美國加州的紅杉。它的高度大約爲100公尺，相當於30層樓那麼高。一般來講，越是高大的植物，它的根應該紮得越深。但是，紅杉的根只是淺淺地浮在地表而已。可是，根紮得不深的高大植物，是非常脆弱的，只要一陣大風，就能把它連根拔起，更何況紅杉這麼雄偉的植物呢？

可是紅杉卻生長得很好，這是爲什麼？

原來，紅杉不是獨立長在一處，紅杉總是一片一片的生長，長成紅杉林。大片紅杉的根彼此緊密相連，一株連著一株。自然界中再大的颶風，也無法撼動幾千株根部緊密相連、上千公頃的紅杉林。

這就是團隊的力量！

成功地生存，僅靠自己的力量是不夠的，任何人的力量都是有限的，但當他依靠著一個團體時，他的力量會變得異常巨大。

曾看過這樣一個故事：

有人曾和上帝談論天堂與地獄的問題。上帝對這個人說：「來吧！我讓你看看什麼是地獄。」他們走進一個一群人圍著一大鍋肉湯的房間。每個人看來都營養不良、絕望又飢餓。每個人都拿著一支可以搆到鍋的湯匙，但湯匙的柄比他們的手臂長，無法把東西送進嘴裡。他們看起來非常悲苦。

「來吧！我再讓你看看什麼是天堂。」上帝說。他們進入另一個房間，它和第一間沒什麼不同：一鍋湯、一群人、一樣的長柄湯匙。但每個人都很快樂，吃得很愉快。因爲他們互相用自己的湯匙舀肉去餵對方。

原來，天堂和地獄並不遙遠，它就在我們身邊：團結協作就是天堂，彼此爭鬥就是地獄。隨著現代社會分工的日益精細，要想獲取成功，相互協作顯得尤爲重要。

專家評點：「三個臭皮匠，勝過一個諸葛亮。」團隊合作可以使一個人有限的能力得到延伸，達到遠勝於單打獨鬥所能夠達到的目標和成就。

家長專欄：對於當前創業者來說，必須學會如何在一個團隊內部搞好關係，團結合作，才能夠更好的在這個全球化的時代生存。

學生收穫：團結就是力量，只有在團隊內部搞好合作，在以後的工作中和創業中才能夠無往不勝。

第三章

給自己預訂一個目標

1 只要心中有目標就會創造出奇蹟

有目標才有夢想，有目標才有希望！

很多藝術家們長達幾年地專攻一幅畫作、一本小說或一部戲劇，過著完全沒有保障的生活，常常陷入困頓和拮据，但是所有一切他們都可以置之不顧，只為了能夠使自己的目標能夠實現、夢想得以成真。許多歌唱家和舞蹈家也是如此，他們從不輕易放棄自己的目標和理想，他們當中有許多人是過了很久才成名的。

有這樣一個故事。

當年，美國曾有一家報紙刊登了一則園藝所重金徵求純白金盞花的啓事，在當地一時引起轟動。高額的獎金讓許多人趨之若鶩，但在千姿百態的自然界中，金盞花除了金色的就是棕色的，能培植出白色的，不是一件易事。所以許多人在一陣熱血沸騰之後，就把那則啓事拋到九霄雲外去了。

一晃就是20年，一天，那家園藝所意外地收到了一封熱情的應徵信和一粒純白金盞花的種子。當天，這件事就不脛而走，引起軒然大波。

寄種子的原來是一個年已古稀的老人。老人是一個道道地地的愛花人。當她20年前偶然看到那則啓事後，便怦然心動。她不顧八個兒女的一致反對，義無反顧地持續下去。她撒下了一些最普通的種子，精心照顧。一年之後，金盞花開了，她從那些金色的、棕色的花中挑選了一朵顏色最淡的，任其自然枯萎，以取得最好的種子。次年，她又把它種下去。然後，再從這些花中挑選出顏色更淡的花的種子栽種……，日復一日，年復一年。終於，在我們今天都知道的那個20年後的一天，她在那片花園中看到一朵金盞花，它不是近乎白色，也並非類似白色，而是如銀如雪的白。一個連專家都解決不了的問題，在一個不懂遺傳學的老人手中迎刃而解，這是奇蹟嗎？

當年曾經那麼普通的一粒種子啊！也許誰的手都曾捧過。捧過那樣一粒再普通不過的種子，只是少了一份對目標的堅持與捍衛，少了一份以心為圃、以血為泉的培植與澆灌，才使你的生命錯過了一次最美麗的花期。種在心裡，即使一粒最普通的種子，也能長出奇蹟！

這個故事告訴我們，只要我們心中有目標，只要我們心中有一顆希望的種子，那麼就一定會創造出奇蹟……

沒有了目標，人生也就失去了樂趣。我們活著，就要爲實現人生的目標而努力，當目標實現之後，還要善於爲自己豎立新的目標。不斷地實現目標，又不斷地提升目標、更新目標，這才是充實的人生、有意義的人生。

名師點評：有理想就會有希望。信念是一支火把，它能最大限度地點燃一個人的潛能，引導他飛向夢想的天空。異想天開的夢想常常會成為人生的目標。有一句話說得好：「人的生命是在停止追求的那一刻結束的。」只有鎖定目標，生命才會放出異彩。

家長專欄：一個有目標的人和一個沒有目標的人差別是非常大的，從想法到行動到性格。有目標，說明敢想，敢想才敢做。夢想成真；沒有目標就像行屍走肉，人生無望。

學生收穫：有目標的人就要有計畫，有計畫的人就要採取行動，有了行動才有可能成功，才能夠有希望。

2 選擇恰當的目標是邁向成功的第一步

在人生的競賽場上，沒有恰當目標的人，是不容易得到成功的。許多人並不缺乏信心、能力和智力，只是沒有選準目標，所以沒有走上成功的途徑。這個道理很簡單，正如一位百發百中的神射手，如果他漫無目標地亂射，也不可能在比賽中獲勝。

愛因斯坦的一生所取得的成功，是世界公認的，他被譽爲20世紀最偉大的科學家。他之所以能夠取得如此令人矚目的成績，和他選擇了恰當的奮鬥目標是分不開的。

愛因斯坦出生在德國一個貧苦的猶太家庭，家庭經濟條件不好，加上自己小學、中學的學業成績平平，雖然有志往科學領域進軍，但他有自知之明，知道自己必須量力而行。他進行了自我分析：雖然整體來說自己成績平平，但對物理和數學很有興趣，成績較好。自己只有在物理和數學方面確立目標才能有出路，其他方面是不及別人的。因而在選擇大學的科系時，他選擇了瑞士蘇黎世聯邦理工學院物理學系。由於奮鬥目標選擇恰當，愛因斯坦的個人潛能得到了充分的發揮，他在26歲時就發表了科研論文

《分子尺度的新測定》，以後幾年他又相繼發表了四篇重要的科學論文，發展了普朗克的量子概念，提出了光量子除了有波的性狀外，還具有粒子的特性，圓滿地解釋了光電效應，宣告狹義相對論的建立和人類對宇宙認識的重大變革，取得了前所未有的顯著成就。假如他當年把自己的目標確立在文學或音樂上（他曾是音樂愛好者），恐怕難以取得像在物理學上那麼輝煌的成就。

從愛因斯坦的例子中我們可以看出，選擇恰當目標的重要性。選擇恰當的目標，是邁向成功的第一步。

專家評點：人都是有目標的，為目標而生存。然而，自己確定的應該是那個恰當的目標，就像桃樹上的那個桃子，應該是拼命跳一跳能摘下來的，「只要有毅力，只要意志堅強，人沒有什麼事情做不到的」這個理論並不科學。我認為，對大多數人來說，從自身實際出發，以理智的態度實事求是地確定自己的目標，天地將為之廣闊。

家長專欄：對自己訂的目標要恰當，不要過高，否則就會給自己帶來很大的壓力，當不能夠達到時，會極大地傷害自己的自信心。只有恰當的目標才會激發自我潛力，增強信心。

學生收穫：恰當的目標並不一定保證成功，但是不恰當的目標卻是一定不會成功的。

3 明確目標是成功的重要條件

有一個關於確立目標的故事被很多人不斷提起：某年，一群意氣風發的天之驕子從美國哈佛大學畢業了，他們的智力、學歷、環境條件都相差無幾。臨出校門前，哈佛對他們進行了一次關於人生目標的調查。結果有27%的人沒有目標，60%的人目標模糊，10%的人有著清晰但比較短期的目標；其餘3%的人有著清晰而長遠的目標。以後的歲月，他們行進在各自的人生旅途中。25年後，哈佛再次對這群學生進行了追蹤調查。結果是這樣的：3%的人，25年間他們朝著一個方向不懈努力，幾乎都成為社會各界的成功人士，其中不乏行業領袖、社會精英；10%的人，他們的短期目標不斷地實現，成爲各個領域中的專業人士，大都生活在社會的中上層；60%的人，他們安穩地生活與工作，但都沒有什麼特別成績，幾乎都生活在社會的中下層；剩下27%的人，他們的生活沒有目標，過得很不如意，並且常常在抱怨他人，抱怨社會，抱怨這個「不肯給他們機會」的世界，當然也抱怨自己。其實他們之間的差別僅僅在於：25年前，他們之中的一些人就已經知道自己最想要做的是什麼，而另一些人則不清楚或不很清楚。「哈佛故事」生動地說明了明確目標對於人生成功的重要意義。

假如一個人現在住的是平房，他想在院子裡蓋間小廚房。當他確定了蓋廚房這個目標後，他就會注意收集磚塊、瓦片等材料，只要走在街上，他就會留意哪裡有磚塊、哪裡有瓦片，碰見磚頭撿塊磚頭、碰見瓦片撿塊瓦片，經過一段時間，他就能把原料備全，最終就能把小廚房蓋起來。可是如果連蓋廚房這個目標都沒有，那麼他走在街上就不會注意是否有磚塊，也不會注意是否有瓦片，即使這些材料都擺在他的面前，他也會認爲是沒有用的東西。

可見，如果是兩個人，一個有明確目標的人，一個漫無目的的人，那麼在同一條街上走過，其收穫也會大不相同。人生如同蓋房子，也需要有目標，只有樹立了明確的目標，才可能朝著目標的方向努力，才能有意識地收集有關材料，創造條件，使自己獲得成功。

名師點評：沒有路線圖什麼地方也去不了。目標就是構築成功的磚石。目標使人產生積極性，你給自己訂了目標，有兩個方面的作用：一是你努力的依據，二是你的鞭策。目標給你一個看得著的射擊靶，隨著你努力去實現這些目標，你就會有成就感。

家長專欄：只有目標明確，你才能夠有動力去努力，你才能判斷是否達到了目標。否則，你總有辦法對自己說：我失敗了。

學生收穫：選定了自己的目標就必須明確下來，告訴自己應該做什麼，思考該怎麼做，努力奮鬥去達到它。

4 機遇只垂青於那些有準備的人

「凡事豫則立，不豫則廢。」這句話是每一個有志成就一番事業的人都耳熟能詳的。不管你是否承認，現在的社會已經成爲一個處處存在著競爭的社會。在這個大環境下，只有有準備的人才能脫穎而出。準備就是給鐘錶上發條，好的鐘錶行走十分有規律，不快也不慢；有智慧的員工做事絕不匆忙，也不拖遝。他們做事總是有條不紊，不慌不忙，沒有積壓，絕不拖延。這樣的鐘錶當然走得準確呀！

一個會做事的人不是確定目標和任務後就馬上去做，等發現偏差再去調整，而是一開始就把所有的準備工作都做到位，把所有可能遇到的情況都考慮到。那些不做準備就急於把事情做完的人，通常事後要花更多的時間來彌補，但有些錯誤一旦發生，是不會再給你改正的機會的。

機遇只垂青於那些有準備的人，只偏愛那些有智慧、能珍惜它的人。有些人經常抱怨「我爲什麼就沒有那麼好的運氣」，他們只是在爲自己不充分的準備開脫，我們讓機遇從身邊溜走，卻埋怨命運的不公。要知道，機會總是會來，可是來的時候你抓住了嗎？要不要反省一下，我們眞的盡心盡力了嗎？如果在機遇來臨之前、在奔赴我們的目標之前，我們能調整好自己的心態，保持一個健康的心態、狀態，做好一切充足的準備，那麼，在通往成功的道路上，機遇將更多地傾向我們。

請記住，出發之前先把裝備收拾完整！

名師點評：準備是一切行動的基礎，每一項差錯皆因準備不足；每一項成功皆因準備充分，如何做準備？做準備就是學習，學習就是做準備。無論是學習還是準備，都是為了提高人的自覺性。

家長專欄：不為明天做準備的人永遠不會有未來。一個善做準備的人，是差錯最少的人，是最終能夠達到目標的人。

學生收穫：我們一直不斷的學習過程，其實就是一個準備與儲備的過程。現在我們要做的就是儲備知識、能力與經驗，因為機會總是青睞有準備的人。

5 正確的計畫是成功的一半

我們已經知道，一個有了明確的目標而缺少行動的人，成功將永遠與他形同陌路。那麼，既有目標，又有積極的行動，是否就意味著一定成功呢？答案依然是：未必。無數的事例告訴我們，在追求成功的路途中，行動的計畫在某種意義上比決心和毅力更重要。在許多時候，選擇比行動更爲關鍵。可以毫不誇張地說，正確的計畫是成功的一半，盲目蠻幹只能使你筋疲力盡無所作爲。

一個人的時間、金錢和精力都是十分有限的。如果不能充分的利用，那將是一個巨大的損失。獲得成功的人，都是能非常有效地利用人類的武器——時間、金錢和精力，並盡可能地去支配它們的人。他們之所以能夠事半功倍地實現自己的目標，是因爲他們總是爲自己做好了計畫。因此，能不能達到目標、能不能取得成功，一個很重要的因素是看你有沒有科學的計畫和方案。科學的計畫和方案就像是火車的軌道，有了軌道，火車就能夠輕而易舉地前進，如果沒有了軌道，火車寸步難行。

計畫就像是人的大腦，是指揮部，這一步做完了應該做那一步，每一步應該做到什麼程度都是需要計畫的。德國偉大的思想家歌德說過：「匆忙出門，慌忙上馬，只能一事無成。」就是在強調做事情之前一定要有計畫，不能魯莽行事。高爾基說過：「不知道明天幹什麼的人是不幸的。」所以，你不僅要樹立目標，有自己的長遠規劃，還要在某一件具體的事情上面有個「計畫表」。

訂的計畫要具體、有時限、長短兼備。例如，你計畫在5年之內創作一部反映當代青年生活的長篇小說，這涉及到情節的安排、知識的累積、人物的塑造等等。你可以把設計情節做爲「第一步」，這大概需要一個月的時間。如果一個月過了你還沒有設計出來，你就要反省自己的過失了。對於自己的計畫一定要督促自己來安排時間完成，如果常不依計畫而行事，那麼有計畫和沒有計畫沒什麼兩樣。

另外，計畫表也要根據環境和具體事情發展的情況來即時進行修正，盡量使自己的計畫表和實際符合，讓自己能夠很好地按照計畫來完成任務。從短期來看，一個計畫表似乎在工作中沒有多大的作用，但是從一個長期來看，計畫表會使你的生活和工作井然有序，會使你的工作效率大大提高。如果你能養成一種按照計畫做事情的習慣和思維，你會發現你得到了一份無價的禮物，這種好的習慣和思維將使你受用終生。

專家評點：有了明確的目標，接下來你需要按照你的目標制訂詳細的執行計畫。不管你有多少的事情要做，你應該先做一個計畫，安排一下達成目標的順序。第一個目標完成之後，再去實現第二個目標，這樣，你才有達成所有目標的可能。

家長專欄：成功者除了能清醒認識自我外，關鍵的一點是，他們善於將自己的人生追求化為一個階段、一個階段的目標，制訂切實可行的計畫，一步一步、百折不撓地實現這些目標。

學生收穫：有了恰當的目標還要有正確的計畫才能實現，否則就會失敗或事倍功半。

6 勇敢邁出第一步便走向成功之路

報紙上曾經報導一位擁有100萬美元的富翁，原來曾是一位乞丐。許多人心中難免懷疑：依靠人們施捨一分一毛的人，怎麼能擁有如此鉅額的存款？想想也是，若靠乞討一下子存滿100萬美元，那是幾乎不可想像的。

然而，事實上，這些存款正是由一點點小額存款累積而成的。一分到一元、到十元、到百元、到千元、到萬元，再到百萬，就這麼一點一滴積聚而成。

曾經有一位63歲的老人從紐約市步行到了佛羅里達州的邁阿密市。經過長途跋涉，克服了重重困難，老人到達了邁阿密市。在那兒，有位記者採訪了她。記者想知道，這路途中的艱難是否曾經嚇倒過她？她是如何鼓起勇氣，徒步旅行的？

老人答道：「走一步路是不需要勇氣的。我所做的就是這樣。我先走了一步，接著再走一步，然後再一步，我就到了這裡。」

做任何事，只要你邁出了第一步，然後再一步步地走下去，你就會逐漸靠近你的目的地。如果你知道你具體的目的地，而且向它邁出了第一步，你便走上了成功之路！

名師點評：現狀與理想目標之間並非一蹴可幾，而必須採取循序漸進的方式，一步一步往前走，就好比是走階梯一般。藉由小成就累積自己的信心，才能激勵自己持續不斷的前進。

家長專欄：目標的實現不是一個一蹴可幾的過程，而是一個一步一步，從量變到質變的過程。

學生收穫：一步一步走，每一步路不需要勇氣，但是整個過程卻需要我們不斷的努力和足夠的耐心。

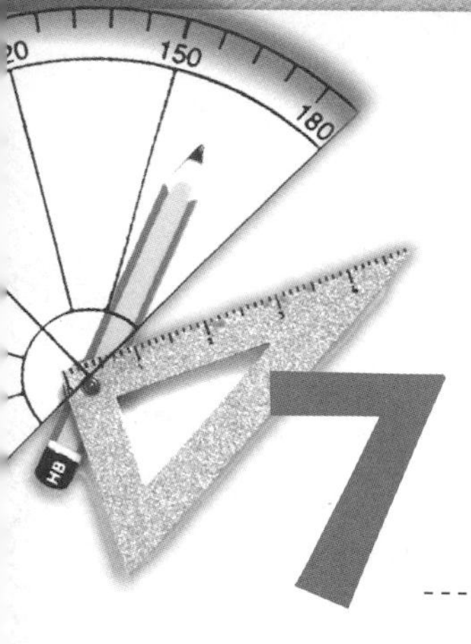

7 切實地督促自己實現和靠近既定目標

有一個年輕人，原本是一個專科畢業生，但是最後他憑藉著堅持不懈的精神去了哈佛大學甘迺迪政府學院讀書。

他專科畢業後到了中國河南一個小縣城的縣政府工作，工作兩年以後，他覺得在縣政府的工作平淡無奇，而且周圍的人都不思上進，得過且過。他希望比周圍的人生活得更好一點，於是他就背了個破書包來到了北京，在北大旁邊租了個小平房，開始自學起來。

在北京學習了三、四年後，他終於通過考試，拿到了大學文憑。在學習的過程中，他認識了一些北大的老師和同學，這些人鼓勵他考北大政治系研究所。於是他拿到自考大學文憑後就開始準備北大政治系研究所的考試。經過兩年的努力，他終於考上了北大政治系研究所。

在北大上了三年研究所後，他想留在北京工作，並沒有想到要去國外留學。後來，他偶然結識了一個新東方的教員，這個教員認爲他出國留學很有希望，唯一要準備的就是要通過TOEFL和GRE的考試。於是他又決定考TOEFL和GRE。準備了兩年多時間，他的TOEFL考了600多分，GRE考了2200多分。

有了TOEFL和GRE的分數，他就有了出國最基本的條件，於是他就開始聯繫國外的大學。剛開始的時候，他只是想聯繫美國很普通的大學，但是在朋友們的鼓勵下，他有了聯繫好大學的想法。他抱著試試看的想法開始聯繫哈佛、耶魯等學校。最後他被哈佛錄取了，但是哈佛大學沒有給他獎學金，於是他又到處借錢做自我擔保。在簽證時簽證官一看他是去哈佛大學讀書，只例行公事問了他幾個簡單的問題就給了他簽證。因爲他沒有獎學金，所以到了哈佛以後過得很艱苦，第一年拼命地讀書，結果成果優異，第二年哈佛大學就給了他獎學金。1999年7月的時候，他以優異的成績從哈佛大學畢業，在世界銀行工作，年薪很可觀。

2000年，他回到中國，尋找在中國的發展機會，希望在中國闖出一番事業。

從一個專科生奮鬥到哈佛大學，他整整用了十幾年的時間，而且他一開始的時候也沒有想到自己能去哈佛讀書，他只是想取得大學文憑，然而，第一個目標達到了，就有了更高的第二個目標，第二個目標實現了，又有了更高的下一個目標。他的奮鬥過程很艱苦，也很令人佩服。把目標切成一塊一塊的，一步一步走下去，成功就離你不遠了。

名師點評：制訂奮鬥目標和奮鬥計畫時，不僅要有週目標、月目標，還要有一個年目標，三年甚至更長時期的目標，這些目標應構成一個序列，一個由低到高循序漸進的目標序列。唯有如此，才會有明確的奮鬥方向和有力的自我約束機制，切實地督促自己實現和靠近既定目標。

家長專欄：俗話說：「聖人立常志，庸人常立志。」要實現目標，不僅是要立常志，還要常立志，把目標分成一個個的小目標，逐漸的完成。

學生收穫：人生的幸福不僅存在於最高目標的實現，也存在於一次次小的成就逐漸接近於最終目標的快樂。

8 專注才是成功的秘訣

有一隻兔子，身材很修長，天生就很會「跳躍」，被譽爲森林王國「跳遠冠軍」，牠一直因此而感到無比的自豪。一天，森林王國的國王宣佈要舉辦運動大會，提倡全民健身。

兔子報名參加了「跳遠」項目。果然牠又擊敗了雞、鴨、鵝、小狗、小豬等動物，再次得到「跳遠金牌」。

這時候，有一隻老狗告訴兔子：「兔子啊，其實你的天分資質很好，體力也很棒，你只得到跳遠一項金牌，實在很可惜；我覺得，只要你好好努力練習，你還可以得到更多比賽的金牌！」

「眞的啊？你覺得我眞的可以嗎？」兔子似乎受寵若驚。

「沒錯啊，只要你好好跟我學，我可以教你跑百米、游泳、舉重、跳高、推鉛球、馬拉松……你一定沒問題啊！」老狗說。

在老狗的慫恿之下，兔子開始每天練習跑百米、游泳、舉重、 跳高、推鉛球，還跑馬拉松……

第二屆運動大會又來了，兔子報了很多項目，可是跑百米、游泳、舉重、跳高、推鉛球、馬拉松……沒有一項入圍，連以前牠最拿手的「跳遠」，成績也退步了，在初賽就被淘汰了。

專注，才是成功的秘訣！

就像兔子一樣。兔子能夠取得跳遠第一名，就是牠專注在跳遠領域的結果。當牠貪心地什麼都要拿第一名的時候，跑百米、游泳、跳高、舉重、推鉛球、跑馬拉松，甚至連跳遠也沒有取得好的成績。

的確，人必須專注、心無旁騖地努力學習。而且，人必須瞭解自己有什麼、沒有什麼，懂什麼、不懂什麼。因為一個人，不可能精通所有事物，因為「樣樣通、樣樣鬆」啊！因此，只有我們雙眼專注於自己的專長時，才會像原來的兔子一樣，擁有獲得「跳遠金牌」的自豪和喜悅。

你專心嗎？你執著嗎？為了成功，讓我們專注於自己的目標吧！

名師點評：專注才是達到目標的不二法門，只有專注才能在一步一步往前走的過程中心無旁騖，給自己足夠的耐心，才能夠即時地抓住隨時可能出現的機遇。

家長專欄：如果注意力不集中，不專注目標，不鎖定目標，目標就毫無意義，在飄忽不定中人生就會迷失。

學生收穫：想成為最終的成功者，你必須習慣性地專注於自己的目標，你必須確定自己的關鍵點——即任何特定時間你能夠做到的最重要的事情，最終達到預期的目標。

9 意志是實現目標的秘密武器

柏克斯頓曾經是一個頭腦簡單四肢發達的頑童，他的與眾不同就在於他堅強的意志力，這種意志力在他幼年曾表現爲喜歡、飛揚跋扈和固執己見。

他自幼喪父，所幸的是他母親很有見識。她敦促他磨練自己的意志。在強迫他服從的同時，對一些可以讓他自己去做的事，她總是鼓勵他自拿主意自作主張。他母親堅信如果加以正確引導，形成一個有價值的目標的堅強意志，對一個人來說是最難能可貴的素質。

當有人向她談及兒子的任性時，她總是淡然地說：「沒關係的，他現在是固執任性，你會看到最終會對他有好處的。」當柏克斯頓形成正義還是邪惡的人生目標這一個人生歷程的緊要關頭時，他幸運地與一個以良好的社會品行家庭出身的小姐結了婚。

他意志的力量，在他小時候使他成爲一個難以管束的頑童。但現在卻讓他從事什麼工作都不知疲倦並且精力充沛。當時身爲釀酒工的他不無得意地說：「我可以先釀一個小時的酒，再去做數學題，再去練習射擊，而且每件事都能聚精會神地去做。」

他成爲一個釀酒公司的經理後，事無鉅細他都過問，使公司生意空前興隆。即便是在工作非常繁忙的情況下，他仍然每天晚上堅持勤奮自學，研究和汲取孟德斯鳩等人關於英國法律的評論。他讀書的原則是：「看一本書絕不半途而廢」、「對一本書不能融會貫通熟練運用，就不能說已經讀完」、「研究任何問題都要全心地投入」。

後來，柏克斯頓幸運地躋身於英國議會。

在他剛剛步入社會時，他目睹奴隸貿易和奴隸制度的種種黑暗，便下定決心把解決奴隸的問題做爲自己最大的人生目標，在他進入英國議會後，他更是把在英國的本土及殖民地上徹底實現奴隸的解放做爲自己的奮鬥目標，並矢志不渝地努力、奮鬥。廢除英國本土及其殖民地上的奴隸貿易及奴隸制度，既要與傳統勢力抗爭，又要與維護自身利益的貴族抗爭，這項推動歷史進程的工作，其艱難可想而知，但柏克斯頓做到了。

事實上，在每一種目標追求中，做爲成功的保證，與其說是才能，不如說是不屈不撓的意志。可以說，意志是實現目標的秘密武器。因此，意志力可以定義爲一個人性格特徵中的核心力量，簡而言之，意志力就是人本身。意志是人的行動的動力之源。眞正的希望以它爲基礎，而且，它就是使現實生活絢麗多彩的希望。

一個人如果下決心要成爲什麼樣的人，或者下決心要做成什麼樣的事，那麼，意志的驅動力會使他心想事成，如願以償。

名師點評：人可以被擊敗，但不能被征服；在實現目標的過程中有很多挑戰，每一次挑戰，可以有成功或是失敗，但是絕對不能夠放棄自我而失去面對困難的意志力！

家長專欄：意志力在實現個人人生目標的過程中非常重要，在每一段人生的旅程中，其實最耗力與最難面對的絕不是開始跨出的第一步，而是即將邁向終點的最後一步；也唯有堅持走到最後，才算是真的征服了自我的命運！

學生收穫：要達到目標必須重視意志力的訓練，必須具有持之以恆、善始善終的素質。舉凡有志有獲者均是數十年如一日，專心致志，鍥而不捨的意志堅韌者。

從前有一個十分貪婪的國王，雖然他擁有無數的珍寶、鮮花

10 把奮鬥視爲永恆的目標

和掌聲，但是總是覺得自己擁有的太少。於是，國王去神廟裡求神，祈求神賜予他更多的財富。神答應了他的要求，使他的食指變成了一根金手指，這根金手指可以把任何東西點化成金子。於是國王很高興。

第二天早上，國王走到自己的花園裡，看到早晨的玫瑰花十分漂亮，於是伸手去摘，瞬間玫瑰花變成了金子，國王欣喜若狂，覺得自己將變成世界上最富有的人。國王來到飯桌前，拿起勺子準備用飯，勺子變成了金子，他用金勺子吃飯，飯菜也變成了金子。這時候，國王產生了煩惱，畢竟金子不能吃啊，這時候，他的小女兒走過來向他道早安並和他擁抱，瞬間他的小女兒也變成了金子。國王難過萬分，又去找神解除了他的金手指，並把他的女兒變回來。這時候他才知道這是神對他的懲罰。

神之所以懲罰國王，是因爲他貪婪懶惰，總是想不勞而獲，沒有絲毫鬥志。沒有絲毫鬥志的人，他們的生活常常是平庸而無趣的。偉大的人物，他們總是窮其一生在探索、在奮鬥，只有這樣的人，才會在自己的領域內做出突出的成績。大家所熟知的香港功夫片明星成龍就是一個很好的例子。成龍從14歲出來闖天下，現在已經50歲了，他始終沒有懈怠過，始終在追求更高更強的境界。成龍爲了拍出更加驚險的動作，常常爲了一兩個動作苦練很長時間，在苦練期間他承受了巨大的心理壓力和肉體上的痛苦，他身上的100多處傷痕是他不斷努力、不斷突破的代價，但是他從來沒有因爲現有的成績而停止奮鬥。

奮鬥無止境，最值得敬佩的成功者常常不會滿足於眼前的成就，他們總是把現有的成就當作新的起點，把奮鬥視爲自己一生永恆的目標。也正是因爲如此，他們常常能夠發揮出自己最大的潛能，超越自我，產生超強的創造力，使自己的人生更有意義。

美國前總統約翰．甘迺迪的墳墓前，有一把永不熄滅的火炬，意味著生生不息的人生。而他的哥哥羅伯特．甘迺迪的墳墓前，則是一灘不斷流動的水，代表著生命永不止息。這是他們最後的語言，也是一生中寫就的語言，是值得每一個人去思考和學習的。永不滿足，自強不息，是強者身上最明顯的特徵。

名師點評：改變平庸唯一的選擇便是：做永不疲倦的奮鬥者。只有奮鬥才能使你活出人生的精彩，只有奮鬥才能使你的生命之樹常綠。

家長專欄：成功的快樂很大一部分在於不斷奮鬥的過程中。

學生收穫：沒有奮鬥，目標只是一座空中樓閣，奇蹟有時候是會發生的，但是你得為之拚命的努力。

第四章

如何樹立必勝的信念？

1 自信是成功的第一要訣

美國作家愛默生說：「自信是成功的第一要訣。」很多事實證明，自信是大多數成功人士共同具備的素質，也是一個人獲得成功的重要因素。人們常說，一個人在生活中不怕被別人擊倒，他會再次爬起來，最可怕的是自己把自己擊倒，他也就再也沒有希望了。怎樣才能避免「自己把自己擊倒」呢？

那就需要自信！自信的人生是永遠不會被社會擊敗的，除非他自己最後精疲力竭，無力奮鬥。

自信是人生成功的奠基石，人的成功之路必須踏著自信的石階步步登高。有了自信，人才能達到自己所期望達到的境界，才能成爲自己所希望成爲的人，堅持自己所追求的信仰。無論在什麼情況下，自信者的格言都是：「我想我能夠的，現在不能夠，以後一定會能夠的！」

自信不僅能改變周圍的環境，還能改變自信者自己。

一位心理學家從一班大學生中挑選出一個最愚笨、最不惹人喜歡的女孩，並要求她的同學們改變以往對她的看法。在很長一段時間裡，大家都爭先恐後地照顧這位女孩，向她獻殷勤，陪她回家，大家以假作真地打心裡認定她是位漂亮聰慧的女孩。結果怎麼樣呢？不到一年，這位女孩出落得很好，連她的舉止也和以前判若兩人。她聰明地對人們說：她獲得了新生。確實，她並沒有變成另一個人——然而在她身上卻展現出每一個人都蘊藏的潛質，這種美只有在我們自己相信自己，周圍的所有人也都相信我們、愛護我們的時候才會展現出來。

可見，自信能夠創造奇蹟。

但是，自信並不是天生的，也不是任何人都具備的。很多人自信心是很低的，特別經過一番生活坎坷，嚐到一些生活的苦辣酸甜，有人就自慚形穢起來。有的人竟然還學會如何自己貶低自己，以此來預防生活的失敗，他們認爲，自信是一種危險，人越自信，就越容易碰釘子，越容易成爲眾矢之的，所以最好是夾著尾巴過日子。其實，這種人正是自己扼殺了自己的前途，如果他們充滿自信，昂起頭來做人，不僅他們的事業可能成功，而且他們的人生會更加繽紛多彩。

朋友，昂起你的頭來創造自己的人生吧！請記住：自信是成功的第一要訣。

名師點評：自信是在你還沒有得到之前就相信自己一定能得到的一種信念。可以說，擁有自信就擁有無限機會。自信是成功的第一要訣，有志於成材、成功的人請培養你的自信。

家長專欄：不是因為有些事情難以做到，我們才失去自信，而是因為我們失去了自信，有些事情才顯得難以做到。

學生收穫：我想一個人如果熱愛生活，那生活將是他自信的泉源，最重要是做回自己。

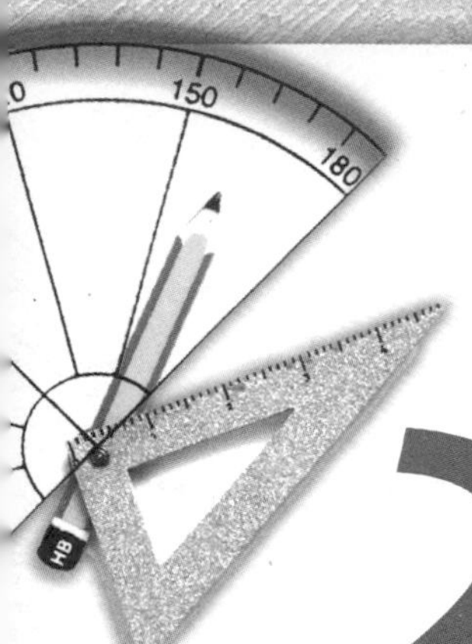

2 樹立必勝的信心

一個渴望成功的人，即使擁有完善的個性、具備科學的方法，但是如果缺乏必勝的信心，也很難實現成功。

聖女貞德曾說：「所有戰鬥的勝負首先在自我的心裡見分曉。」意思就是，戰鬥的勝負其實依賴於敵我雙方各自信心的強弱。

世界三級跳遠冠軍米蘭·提夫（Milan Tiff），在8歲之前患了小兒麻痺症，但經過自己學走、學跑，研究出梟的姿勢合乎自然法則，並學著用梟的姿勢去跳，結果，他跳出了世界上最遠的紀錄。

有人問他：「到底是什麼原因，使你成爲奧運金牌得主和世界紀錄保持人呢？」

他回答道：「當我參加比賽時，一般人都在看我跳遠當時的表現，其實任何運動比賽的成功，不單單決定於他表現的那個時刻，重要的是，決定於他表現之前所做的準備。」因此，他只要看運動選手所做的熱身操，就可以知道那位選手肌肉的鬆弛程度和得勝的機率。而能不能表現良好，不在於這個人能不能，而在於那個時刻，這個人的心態是否達到巔峰，以及他是否做好完善的心理準備及擁有必勝的信心。

一個人如果缺乏必勝的信心，會變得畏縮不前，缺乏勇氣和競爭心；會影響自身才能的發揮，影響人的精神狀態；還會導致許多其他的心理問題。反之，必勝信念的建立是青少年生活愉快、讀書進步、潛能開發的重要保證，是促進青少年心理健康的重要因素，是人生和事業成功的基石。

那麼，人們應該如何樹立必勝的信念呢？

首先，要有正確的自我認識。

缺乏自信的人的認知特點是過於低估自己，只看到他人的優點，看不見自己的長處；只看到完成工作的困難，而忽視有利條件；如果成功都是因爲機遇好，一旦失敗則是因爲自己無能、蠢笨造成的；自己的優點和長處是無足輕重的、暫時的，其他人也很快就會具備的，而別人的優點和長處卻是實在的、重要的、自己很難達到的等等。這樣的自我認知者行動上往往是不能發揮正常水準，常常坐失良機，事後又懊悔不已。事實上，每個人都有缺點和不足，只看到別人的優點而以此貶低自己是片面的、不妥的。反過來，每個人都有自己的長處和優點，任何人都能在社會中找到適合自己的位置，正所謂「天生我才必有用」。青少年要學會全面、客觀地認識自我與他人。

其次，建立合理的期望值。

人們對目標的期望影響著對實際結果的感覺。比如考試成績同樣都是70分，對於一個估計自己很難及格的學生會感到得意洋洋，而對於一個估計自己應考90分的學生而言卻是一次不小的失敗。如果這種經歷反覆出現的話，前者就會變得盲目自信，而後者會變得缺乏自信。因此，確立經過努力可以達到的期望水準是很重要的，它可以幫助人們形成良好的適度的自信心。

第三，提高認知水準。

一件事情的成功與失敗，不能簡單地歸因於某一個條件，它跟主觀努力、個人能力、機遇、任務難易等許多因素相關。因此對於每次具體的成功與失敗，都既要看到自身主觀條件，也要看到客觀外部環境，進而做出恰如其分的評價和相對調整。

名師點評：信心不能空談，要建立在對自我實力正確評估的支點上。有了明確的目標，有了奮鬥的意識，再珍惜成長道路上一點一滴的進步，你的信心就會慢慢建立起來。

家長專欄：要培養孩子成為一名優秀的人，首先要幫助他樹立必勝的信念，另外，還要教會他學會享受生活的快樂，盡情的去玩、盡情的去發揮、盡情的去即興表演，也許有一天他就成為了優秀的人。

學生收穫：注意強化自我意識、樹立必勝信念、保持積極健康的心態，就一定能消除或減輕恐懼心理，使讀書真正達到應該產生的效果。

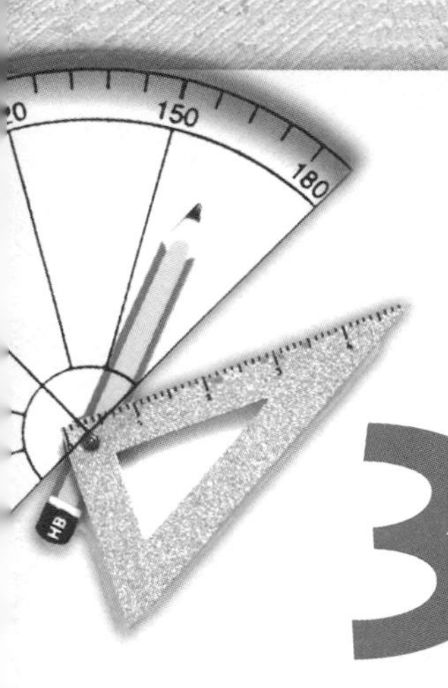

3 誰說你比別人差

謙遜是人之美德。不謙遜的人，不受人們擁戴的人是辦不成事的。但是，我們不能因此而不相信自己，不肯定自己的智慧和作用，這會極大地影響自己生活和事業的成功。當身處逆境時，自我肯定更能使我們從困難和逆境造成的不良情緒中振作起來。

只有不斷地進行自我肯定的練習，才能夠改變我們對生活的態度和期望。自我肯定可以默不作聲地進行，也可以大聲說出來，還可以在紙上寫下來，甚至可以歌唱或吟誦。不過，如果勇敢地大聲說出來，效果會更好。如果每天堅持進行有效的肯定練習，就能逐步改變許多年的思想習慣。

可以這樣說，「我是聰明的，我是優秀的」；「我有足夠的時間、能力、智慧來實現自己的美好願望」；「誰說我比別人差，既然我們考入同一個學校，就證明我不比別人差」；「每天我都激勵自己去實現人生目標」；「我找到了自信、熱情的自我」等等。

當然，在肯定自我的時候，也不要忘了對自己過失的否定，要始終保持實事求是的態度。運用自我肯定應該遵循以下原則。

一、始終要以現在時態而不是未來時態進行肯定。例如，應該說：「我現在狀態很好。」而不能說：「我將來會很好。」

二、始終要在最積極的方式中進行肯定。肯定是需要的，而不是不需要的。不能說：「我再也不偷懶了。」而是要說：「我越來越勤奮，越來越能幹了。」這樣做可以保證我們總是創造積極的思想形象。

三、一般來說，肯定詞越簡短，也就越有效。一番肯定應該是一番傳達出強烈情感的清晰陳述，情感傳達得越多，給人的印象越深，如：「我行！」、「我眞棒！」

四、在進行自我肯定時，盡可能努力創造出一種相信的感覺，一種它們已經眞實存在的感覺。

讓我們大聲喊出：「我行！」

試一試吧！

名師點評：潛意識如同一個湖，一個正面的自我暗示如同向湖面扔下一塊小石子，只有不斷地扔，石子才能露出水面。請不斷地對自己大聲喊出：「我行！」

家長專欄：多給孩子肯定和讚賞！需要強調的是，你應該讓孩子覺得：你對孩子的讚賞完全是誠懇的，而不是應付的、客套的，更不應該是虛偽的、做作的。

學生收穫：一天十分鐘的肯定練習，抵消了我許多年的思想習慣。選擇積極的、擴張的語言和概念，一個積極的現實就會創造出來。

4 善於發現自己的優勢

李琳是班上公認的才女，文章錦繡，丹青奪神，可是就是有一塊心病揮之不去：她的數學不靈，這使她的總成績老是上不去。要強的李琳決心放棄自己的特長，攻克數學難關。但是當她眞的放棄了自己的特長，卻發現自己費了很大的精力也很難把數學突破。因此，她很煩惱。

其實，幾乎沒有兩個人的智力是完全一樣的。假如你感覺你的音樂才能不如貝多芬、數學才能不如高斯、思辨才能不如尼采、你大可不必爲此而悲哀。也許你的數學才能比貝多芬強、音樂才能超過高斯、工藝製作的才能更勝尼采一籌，所以不要總是拿自己的短處和別人的長處比較。

在這個世界上，差異是我們每一個人存在的理由。一個人的個性（特徵、特長、愛好）應當成爲他個人尊嚴最神聖的一部分，也是個人魅力之所在。缺乏個性或不能堅持個性的人不會得到人們的尊重和愛戴，必定是一個平庸之輩。個性具有內在價値，是一個人最寶貴的資源和財富。我們應當珍惜、保護和發展自己的優勢（個性和情趣及愛好），並爲它驕傲，用以彌補自己的劣勢，使自己成爲自信、自強、獨立、想像力豐富的人。優秀的有獨創性的人都有較強的個性，創造性就意味著與眾不同，沒有特質的個性哪來的創新精神和勇氣？

身爲一個全面發展的學生，不僅要學習自己感興趣的科目，而且還要學習自己不感興趣的科目。透過多學科的學習，擴大知識範圍，掌握書面語言及邏輯思維的方法，以適應未來社會對複合型人才的需求。

然而，李琳爲了提高學業成績，遠離自己所鍾愛的文學與藝術，正是棄其所長，就其所短。儘管人們有太多的理由重視學業成績，可是無數的事例證明，不能把單純的學業成績好視爲成材的標準。現在往往是「成人」的教育被忽略了，而「成材」的教育，也因爲一味以筆試的結果來衡量學生的成就而受到很大的傷害。

在一個民主的社會裡，我們都堅信人生而平等，職業沒有什麼高低貴賤，在這種情況之下，如果能夠善於發現自己的優勢，好好培養自己的興趣與才能，挖掘自己的長處並不斷加以發展，在某一方面做出一定的成績，你就是一個成功的人，千萬不要爲了追求你不太喜歡的東西，而把自己最擅長的才能荒廢掉，如果那樣的話，你一定會後悔莫及的。

名師點評：有優勢，不能發現自己的優勢，等於沒優勢。人們應該明白自己在做什麼，自己的優勢是什麼，要善於找到自己的優勢，在優勢上突破自己，利用優勢去創造成功，這不僅是人生最大的快樂，也是人生幸福之所在。

家長專欄：不僅很多孩子不知道自己的優勢，他們的父母也不知道自己孩子的優勢在哪裡，他們更關注孩子的不足。只有幫助孩子不斷強化自己的優勢，不斷提高自身的獨特才幹，才能真正最大程度發揮孩子的能力，早日到達成功的彼岸。

學生收穫：對年輕人來說，越早發現自己的潛能，發現自己的優勢所在，今後發展的機會就越大。

5 學會讚美自己

成功學家拿破崙・希爾說：「自我欣賞或自我讚美，其本質正是對自我成功的一種最直接的暗示。如果一個奮鬥者不斷地告訴自己：『我是最優秀的，我一定會成功！』那麼他就會像得到神助一般，必將取得成功。能常常讚美自己的人，實質上正是他勇於向命運宣告『我是不可戰勝的！』這種對自我的讚美，正是一顆深深地根植於自己靈魂中的種子，最後一定會在現實生活中結出無數顆能展示生命之美的果實。」

自我讚美，往往會成爲許多奇蹟創造的動力。當年拿破崙在奧辛威茨，不得不面臨與數倍於自己的強敵決戰。戰前的總動員會上，拿破崙對即將投入戰鬥的將士們說：「我的兄弟們，我請你們記住：我們法蘭西的戰士，是世界上最優秀的戰士，是永遠都不可戰勝的英雄！當你衝向敵人的時候，我希望你們能高喊著：我是最優秀的戰士，我是不可戰勝的英雄！」接著他聽到了全軍將士如排山倒海般的回音：「我是最優秀的戰士，我是不可戰勝的英雄！」戰鬥中，法國將士都高喊著「我是最優秀的戰士，我是不可戰勝的英雄」的口號，他們以一抵十，摧枯拉朽一般把奧俄聯軍打得落花流水。

讚美自己，你就可以從中獲得不可戰勝的力量；讚美自己，你就可讓自己自信的陽光融化心中的任何膽怯和懦弱；讚美自己，你就可以因此而喚醒自己，你的靈魂從此將不再迷失在絕望的黑暗裡……

不斷地讚美自己吧！這正是你生命的果實走向成熟的過程所需要的雨露和陽光！不斷讚美自己吧！讚美是富有磁性的，它會為你吸引過來更多的讚美！

名師點評：自我讚美、信心加倍。讚美自己是一種積極的直接暗示。只要勤於實施，這種自我暗示肯定會起作用。要學會多肯定自己的能力，隨時隨地找理由讚美自己，讓自己更有自信心。

家長專欄：要學著讚美自己，把自己的優點或者成功的經歷，寫在一張精美的卡片上，經常誦讀，自我激勵，對自己以前所認為的缺點視而不見，營造一種良好的自我暗示的氛圍。

學生收穫：如果你對自己表示信心，你很快就會相信自己能做到，就會有辦法完成你所設下的目標，這就是讚美的力量。

6 想像自己就是那個聰明人

你的心裡能夠設想和相信什麼，你就能夠用積極的心態去獲得什麼；你把自己想像成什麼人，你就眞的會成爲什麼人；你想像自己成功時的場景，你就會在將來的某一天把這個成功的場景變爲事實。

倫敦大學的羅博．博哈利博士在教弱智孩子讀書時說：「想一個你認識的很聰明的人，然後閉上雙眼，想像你就是那個聰明人。」接下來的測試結果，孩子們的分數顯著提高！美國十項全能選手吉姆．索普在每次賽前總是閉目靜坐，幻想自己取得了成功。他認爲，透過幻想自己戰勝對手，他總能發揮自己的最佳水準。事實似乎也證實了這點。

心理學家發現，想像可以增加自信。想像成功，是培養信心最好的途徑。想像和夢想都是一種創造力，當想像和夢想與你的需求欲望結合的時候，就會產生巨大的行動力量。想像成功會引導成功，想像成功會眞的成功！

運用想像在心中勾畫出目標已經達成的情境，去感受目標達成時的心情，以及目標達成時的每一個細節、情景，包括看到了什麼、聽到了什麼、嗅到了什麼、摸到了什麼、嚐到了什麼及內心中的每一個細微的感受，越清晰、越興奮、越信以爲眞越好。因爲潛意識有不能分辨眞假的特點，它會一一全部記錄下來，並信以爲眞，你思想中相信的，你就會想出辦法來實現它。

假如一個人，天天想像自己考上台大的那一天，那麼他就會晚上爬起來看書的，他所有的潛能就會充分發揮！一個人追求的目標越高，他的才智發揮得就越快。不過話說回來，這並不是建議大家熬夜讀書，合理安排作息時間也是必要的。

在想像成功時，你必須進行豐富的想像。假如你即將參加期末考試，那麼你一定要在考試前進行成功預演，想像一下你將要成功的景象。你可以想像掌聲，你可以自己告訴自己：

「不要怕！我一定會成功！我會是最棒的。」

當然，在你生活的每一天做任何事時，你都可以進行成功預演。尤其是當你制訂人生各階段的目標時，你更要進行成功預演。你可以找一個安靜的地方，靜靜地去想，任由你的思想飛翔，飛得越高越精彩越好！

名師點評：如果你不知道自己的潛力在哪裡，那麼就用幻想的方式去發掘它吧！當你給自己的未來編寫故事的時候，你的潛意識可不知道你在幻想，它將幫你找到心中最渴望的幻想。

家長專欄：孩子在讀書過程中，可以根據自己的情況和過去的成功經驗，運用積極的自我想像，煥發與強化自己良好的情緒，防止消極情緒的產生。

學生收穫：在想像中練習投籃怎麼能比在體育館中練習投籃要提升得快呢？很簡單，因為在你的想像中，你投出的球都是中的！想像是最好的工具，想像是成功者的天地。

7 做一個孜孜不倦的智者

「有志者，事竟成」是千千萬萬個渴望成功者的座右銘，這句話的意思是說一個人不論天資如何，心中只要有「志氣」這兩個字，不管多困難的事，都能做到。在現實中，有很多人都懂得這個道理，但是在實踐的過程中，卻常常在最後最艱難的時候放棄了原來的理想，進而「功虧一簣」。記得有句哲語說得很精彩：「有些人一遇到挫折就輕易地放棄，結果往往是在距離金子三英寸的地方停了下來。」

在我們下圍棋或者象棋的時候，這種功敗垂成的現象十分常見。這主要是因爲當局者在關鍵的時刻放鬆了自己的警惕所造成的。

中國有一句名言：「行百里者半九十。」就是說一項工作在完成了90%的時候，只是完成了一半，絕對不能夠粗心大意，而應該像以前一樣集中精力完成最後的工作，也就是說要善始善終。日本也有一位著名的作家芥川龍之介說過：「一百步的一半是九十九步，這是一個超數學，當代人不明白這個道理，所以總是詆毀天才；後代人不明白這個道理，所以總是在天才面前焚香。」由此可見，一項工作的最後階段才是關鍵的，在最後關頭，絕不能輕言放棄，因爲這樣等於你自己否定了自己以前所有的工作。而很多在最後階段放棄的人，常常是由於困難過大或者利益分配的不均衡所致，因此聰明的人是不會在關鍵的時刻放棄的，也不會輕易放棄一項工作。

眾所周知，二戰時期的英國首相邱吉爾是一個著名的演講家。他生命中的最後一次演講是在一所大學的畢業典禮上，這也許是世界演講史上最簡單的一次演講。不知是當時邱吉爾太過年邁，還是他將人生的最大體會進行了濃縮，在整個20分鐘的演講過程中，他只講了一句話，而且這句話的內容還是重複的，那就是：

「永不放棄……絕不……絕不……絕不！」

當時台下的學生們都被他這句簡單而有力的話深深地震撼住了，人們清楚地記得，在二戰最慘烈的時候，如果不是憑藉著這種精神去激勵英國人民奮勇抗敵，大不列顛可能早已變成納粹鐵蹄下的一片焦土。邱吉爾在用他一生的成功經驗告訴我們：

成功根本沒有秘訣，如果有的話，就只有兩個，第一個是堅持到底，永不放棄；第二個就是當你想放棄的時候，請回過頭來再照著第一個秘訣去做：堅持到底，永不放棄。

智者永遠都是在孜孜不倦的追求未來，總是在不斷地尋求突破和發展，而不會在成功路上停止自己的腳步，更不會放棄自己的理想。

名師點評：失敗不過是人的感覺罷了。客觀世界中，根本不存在失敗，失敗僅存在於失敗的人心中。當一個人無論何時都不放棄的時候，他就超越了輸與贏、勝與負的層次，凌駕於成敗之上——無論結果如何，他永遠是個成功者。

家長專欄：人一旦放棄努力，就好比軍隊失去了將帥，再威猛，也不過是散兵游勇，難成氣候。

學生收穫：成敗間往往僅隔著一層紙，選擇放棄就是把它變成一面牆。

第五章
態度堅決別「惡」習

1 習慣就是力量

1998年1月18日至21日，75位諾貝爾獎得主聚首巴黎。

會議期間有人問其中一位，「您在哪所大學、哪個實驗室學到了您認爲最主要的東西呢？」

這位白髮蒼蒼的得主回答：

「是在幼稚園。」

提問者愣住了，又問：

「您在幼稚園學到些什麼呢？」

科學家耐心地回答：

「把自己的東西分一半給小夥伴們；不是自己的東西不要拿；東西要放整齊；吃飯前要洗手；做錯了事情要表示歉意；午飯後要休息；要仔細觀察周圍的大自然。從根本上說，我學到的全部東西就是這些。」

這段對話是耐人尋味的。從幼稚園學到的基礎的東西，直到

老年時還記憶猶新，可見留下的印象是非常深刻的。這說明從小養成的良好習慣會伴隨人的一生，時時刻刻都在起作用。誠如著名教育家蒙特梭利所說：「三歲決定一生。」

在《培根論人生》一書中，這位偉大的思想家曾專門論述習慣與命運的關係。他說：

人們的行動，多半取決於習慣。一切天性和諾言，都不如習慣有力，在這一點上，也許只有宗教的狂熱可與之相比。除此以外，幾乎所有的人力都難戰勝它？即使是人們賭咒、發誓、打包票都沒有多大用處。

個人的生活受習慣支配，而社會的習慣，則是一種可怕的力量。古印度教教徒爲了遵守宗教慣例，可以引火自焚，他們美麗的妻子，也心甘情願跟著跳入火坑；古斯巴達青年，每年要在神壇上受鞭笞，以鍛鍊堅忍的耐力。而伊麗莎白初期，一個愛爾蘭死刑犯受絞刑前，要求用荊條，不是繩索——那是他們民族的習慣。

習慣是一種多麼頑強的力量。它可以主宰人的一生。因此，從小就應該養成一種好習慣，透過教育、透過陶冶，直到我們終生不忘。幼年學習語言，輕鬆又自如，中年以後就很困難，這是一種習慣。體育運動也是如此。

世界著名心理學家威廉．詹姆士有段名言：「播下一個行動，收穫一種習慣；播下一種習慣，收穫一種性格；播下一種性格，收穫一種命運。」

科學家通常認爲，成功是一種與生俱來的素質，隨著時間的流逝，那種天才的光輝在某些人身上會愈發亮麗。而在另一些人身上則會逐漸黯淡。爲什麼呢？現在我們認爲，最終能成功的人身上具有特殊的素質中，即良好習慣與健康人格起著決定性的主導作用，而智商並非主要因素。

名師點評：牛用條件反射的方式活著，而人則以習慣生活。一個成功的人曉得如何培養好的習慣來代替壞的習慣，當好的習慣累積多了，自然會有一個好的人生。

家長專欄：行為變成了習慣，習慣形成了性格，性格決定命運，命運的基石就是養成習慣的行為。

學生收穫：一件小事可以成全你也可以敗壞你。生活細節、好的習慣會造就成功的未來。

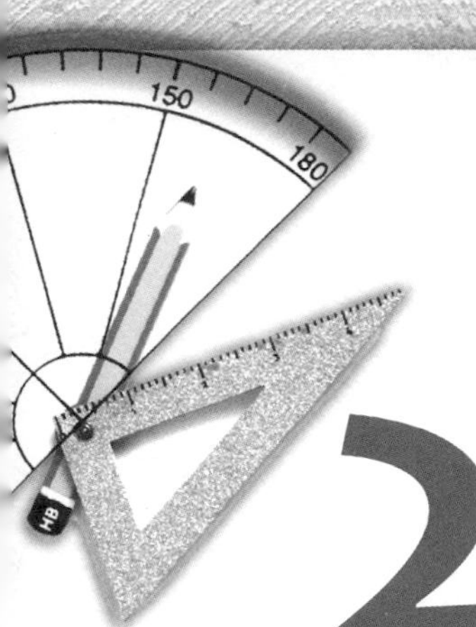

2 成功始於習慣

奧格．曼狄諾給年輕人的忠告：成功與失敗的最大分野，來自於不同的習慣。好習慣是開啓成功的鑰匙，壞習慣則是一扇向失敗敞開的門。

好的習慣可以使你走向成功，而壞的習慣則容易延誤一生。一個人的習慣是很難改變的，但並不是不可改變的，只要摒棄壞習慣，培養好習慣，我們就能把握住自己的命運。

如果我們有足夠的細心，我們就會發現一種很奇怪的現象：成功的人似乎永遠都在成功，彷彿有一種魔力在驅趕著他走向成功；而失敗的人似乎永遠都在失敗，彷彿他天生就註定是個失敗者。

究竟是什麼導致了這種現象的出現？難道是上天的安排？當然不是。許多研究行爲科學的學者和研究成功的勵志大師給予了我們答案：是「習慣」兩個字在起作用。事實上確是如此，如果一個人習慣於勤奮，他就會成功；如果一個人習慣於懶惰，他就會一事無成。

所謂習慣，就是我們平時習以爲常的行爲。行爲科學研究顯示：一個人一天的行爲中大約只有5%是屬於非習慣性的，而剩下的95%的行爲都是習慣性的。習慣經過我們的反覆行爲，會不知不覺變成我們本能的一部分。習慣是一種能左右我們的神奇力量，它決定著我們的成敗。

沒有人喜歡失敗，每個人都希望自己能夠成功，但要成功就必須和壞習慣徹底決裂，同時要培養成一些好習慣。都說「習慣成自然」、「江山易改，本性難移」，其實不然，當然這需要你付出改變現狀的代價。

要改掉壞習慣，培養好習慣，只需做好三步即可。首先要分清哪些是好習慣，哪些是壞習慣。這件事是最容易的，每個人心裡都清楚得很。其次是你是否想改變。這是一個比較令人頭疼的問題，因爲絕大多數人害怕改變，喜歡安於現狀。儘管他們有時對現狀不滿，但如果眞的讓他做出行動，他就會退縮。你要記住，如果你不想改變，那你就只能看著別人成功，而你卻原地不動。最後要行動起來。對於已有的好習慣要繼續保持，對於壞習慣要堅決改掉，對於不具備的好習慣要悉心培養。可以先從小事做起，循序漸進。如赴約時，至少要提前五分鐘到達；如當你決定做一件事時，就應該立刻行動起來……

關於習慣，還有一點必須要說明。大多數人認爲習慣必須從小時候培養，而長大成人後就不可改變了，重新培養爲時已晚。其實，這是極其錯誤的一個想法。無論是何時，習慣都是可以改變和培養的，關鍵問題是你是否想改變現狀的問題，也就是我們在前面已提及的關於第二步的問題。

如果你想成功，好吧，現在就開始研究分析一下自己的習慣。一個人要立大業成大事，都必須從改變和培養習慣開始，因爲成功始於習慣。

如果你想獲得成功，請記住：摒棄壞習慣，培養好習慣。

名師點評：人們經意或不經意地養成了一些說話、辦事的習慣，這些習慣又成了他們生活中自然而然的一部分，很多時候，他們會不自覺地做出一些連自己都感到困惑的事情。好習慣主要是依賴於人的自我約束，或者說是依靠人對自我欲望的否定。然而，壞習慣卻像蘆葦和雜草一樣，隨時隨地都能生長，但它阻礙了美德之花的成長，使一片美麗的園地變成了雜草叢。壞習慣一旦播種，往往難以清除。所以必須教會孩子在最初辨識什麼是好習慣、什麼是壞習慣。

家長專欄：幫助孩子辨識好習慣和壞習慣，進而養成一個好習慣絕對比幫助他們掌握幾個知識點重要。

學生收穫：很多壞習慣以個性或者是酷的面目出現，如何把這些習慣分辨出來，關係到一個人一生的成功。

3 如何改掉自己的壞習慣

每個人在自己的工作、社交、業餘生活、飲食起居諸方面，都有自己的習慣。仔細想想，這些習慣無一不是一點一滴慢慢形成的。不同的是壞習慣的形成往往是不知不覺的，好習慣的形成則需要透過較長時間的主觀努力。壞習慣形成了，改掉頗不易；好習慣形成了，一旦鬆懈下來，卻比較容易丟掉。

壞習慣是否能改？能改！

青年讀書的榜樣——保爾有一段故事。一次保爾參加青年團員們的爭論：人能不能克服已養成的習慣，如抽菸？保爾說：「人應該支配習慣，而不是習慣支配人。」當時有位青年嘲笑說：「保爾就會說漂亮話……問他自己抽不抽菸？抽的。他知不知道抽菸沒有好處？知道的。可是戒掉呢——又戒不掉。」保爾將口中正抽著的菸捲拿下來揉碎，說：「從今天以後，我絕不再抽菸。」從此，保爾戒掉了幾乎是從兒童時代就養成的抽菸習慣。

壞習慣是慢慢形成的，因而改掉壞習慣需要持久的毅力。

壞習慣難以改掉的一個重要原因，是決心不大、毅力不強。美國著名科學家富蘭克林說：「嗜好有時比理由還強硬。」對於抽菸這個壞習慣，不少菸民朋友都想改，但爲什麼有的改掉了，有的改不掉？關鍵是不僅要認識到壞習慣的危害，而且要痛下決心去改。這樣，諸如抽菸、酗酒、隨地吐痰等等不好的習慣，才是可以改掉的。

人的一大缺點就是往往對自我的弱點姑息遷就。對於一個有崇高信仰、意志堅強的人來說，他不僅可以改掉自己的不良習慣，而且可以要求自己養成各種良好習慣。

很多時候，我們都希望一下子能夠改掉好幾個壞習慣，實際效果往往是「欲速則不達」。在開始試著改變習慣的時候，我們往往會覺得極端困難。就像行進中的火車那樣，我們很難改變習慣的步驟。但是，一旦我們成功地改掉第一個壞習慣，改掉壞習慣就將變得越來越容易。事實上，隨著一個個壞習慣被好習慣逐個取代，我們將變得越來越善於改變自己的習慣。也就是說，我們在開始養成「改掉壞習慣」的習慣。一旦這樣的習慣養成，我們便會像一列行進中無法停止的火車那樣，推動我們實現理想。老子說：「天下難事，必做於易；天下大事，必做於細。」難的事情要把它變得比較容易來做，大的事情要從細緻和細小的方面來做，這才能成功。

名師點評：我們每天高達90%的行為是出於習慣。那就是說，倘若我們能看清並且改掉壞習慣，看清並且堅持好習慣，我們至少就能在人生路上得90分。關鍵在於看清自己。關鍵在於經常地「自我評估」。譬如一句西班牙諺語：自知之明是自我改善的開始。譬如一句中國人都知道的話：吾日三省吾身。成功始於習慣。

家長專欄：我們之中沒有人喜歡失敗，都希望自己能夠成功，但要成功就必須和壞習慣徹底決裂，同時要培養成一些好習慣，當然這需要你付出改變現狀的代價。

學生收穫：一個人要立大業成大事，都必須從改變和培養習慣開始，因為成功始於習慣。

4 珍惜時間，不做無用工

每個人都需要找到生活的意義。他需要做一項工作，來促使自己眞正找到時間的感覺。一個人所擁有的空閒時間越少，那麼他就會更加理解時間的價值，也就能夠更充分地利用時間。

著名作家麥可·恩德寫了一本著名的兒童讀物《咔咔》。書中的人物突然之間再也沒有空閒去做生活中美好的事情，因爲灰色的時間強盜來到了他所在的那座城市，總是強制人們整天忙於一些無益的事情，這樣一來就偷走了大家越來越多的時間。

就連拿破崙也曾遇到過時間強盜。他抱怨說：「有一種小偷，你無法懲治它，可是它卻拿走了人們最寶貴的東西——時間。」雖然拿破崙總覺得時間不夠用，但是他仍然是一個成功的人。他尤其能夠在恰當的時候充滿耐心，並且又能夠在關鍵的時刻表現出果斷。看來，問題並不在於有多少時間，重要的是如何更好地利用現有的時間。

經常令我們感到吃驚的往往是那些擁有時間最多的人抱怨說沒有時間。他們不僅沒有系統地利用手中掌握的時間，反而使自己處於時間壓力的緊張不安之中。丟三落四、神經質的人很容易被分散注意力，而且他們通常都得花費很多精力才能夠達到目標。

完成巨大的任務就意味著要有目的地投入能量和集中精力。如果我們認爲時間很寶貴，那麼我們就應該像對待一件奢侈品一樣去珍惜它。倘若我們只是很少能夠喝到香檳酒，那麼比起那些每天都喝香檳酒的人來說，我們會更加專注地去品嚐它。

名師點評：不做無用工，最重要的是養成好習慣，為自己的生活制訂合理的計畫，更加專注的投入到追求自己目標的行程中。

家長專欄：要想有所成就，超越他人，靠做無用工肯定是不靈的。唯一的辦法，只有放棄這方面的樂趣，把時間用到其他方面，就這麼簡單。

學生收穫：養成好習慣，不出傻力、笨力，不做無用工。

5 別爲小事沮喪

沮喪是一種消極的情緒和感受，它是由對生活的不滿或者經常受到挫折引起的。著名心理學家A．阿德勒曾經指出：失敗者之所以失敗，是因爲他們對生活產生強烈的沮喪情緒。他們在處理問題時，都不相信這些問題可以用合適的方式加以解決，於是對現實失望，充滿了沮喪感。

雖然沮喪是人類的正常現象，但如果長年逃避和否定自己，陷於持續的沮喪之中不能自拔，往往會帶來更加嚴重的後果。

也許，你有過這樣的經驗：和一位很久沒見的老朋友相見時，只記得你們從前曾經吵過架，至於爲什麼吵、吵什麼，早已忘記了。就算知道吵的是什麼，你也已經不在意了。相對地，對於我們承受的挫折也是一樣的，經過很長時間再想起它時，或許我們會用感謝的心情來肯定它。因爲，它只是人生的一部分，而不是全部。沮喪也是如此！你現在遭遇的沮喪只是你生命中的一個小部分，甚至於什麼都不是。

給你一個想像題：在你生命的最終一刻，你「最後想要」的是什麼？它會是你現在耿耿於懷的挫折與沮喪嗎？肯定不是！

成功者之所以取得成功，就在於他們能夠以開放的心理接受各種情緒的影響，具有較強的情緒承受能力，並能透過適當途徑克服消極情緒所帶來的困擾，始終保持樂觀向上的精神，對生活充滿著希望和信心，進而才能充滿勇氣和耐心去征服生活中一個又一個艱難險阻。一味沉浸於沮喪之中不能自拔的人，最終只能使自己變得更加一敗塗地。

因此，對於不幸帶來的沮喪，我們不應聽之任之，一味地自怨自艾、杞人憂天，我們應該振作起來，採取勇敢的態度、奮進的態度去直視它、面對它。

專家評點：要活得輕鬆自在，就要學會以智慧的方式對待身邊的事情，感情用事，只會將自己推入更痛苦的深淵。放輕鬆，「別為小事沮喪」，慢慢地學會「大事化小」。換一種角度看世界，世界會因你而不同，學會用優雅和輕鬆的態度來回應生活、面對挑戰，改變可以改變的事情，接受無法改變的事情，從現在開始，珍惜每一個當下，平和、放鬆的你將獲得更大的成功。

家長專欄：不要為小事沮喪，生活是由態度決定的，不要讓沮喪籠罩你的心靈，幸福就在身邊。

學生收穫：不要讓小事來折磨你自己。

6 拖延行動等於死亡

你打算什麼時候實現夢想呢？你在等什麼？還有什麼沒準備好？你在等待別人的幫助還是等待時機成熟？

年輕人最容易染上的可怕習慣，就是遇事明明已經計畫好、考慮過，甚至已經做出決定了，卻仍然畏首畏尾、瞻前顧後、不敢採取行動。對自己越來越沒有信心，不敢決斷，最終陷入失敗的境地。

很多人喜歡訂計畫，在周密、工整的計畫中獲得部分滿足。但是如果不能將計畫變爲行動，在若干年後看到這張紙只會感到深深的失落，尤其是，當同時起步的朋友已經實現了夢想的時候。

成功者都能理解這句格言：「拖延等於死亡。」

成千上萬的人都擁有雄心壯志，爲什麼很多人沒有如願以償？其中大多數人一直在拖延行動。也許他們並不是不想行動，只是想過一段時間再開始，這樣一晃就是一生。

經常聽人說：「我知道今天該做這件事，但是今天我情緒不好、狀態不好、條件不好、這樣那樣不好，這件事肯定做不好，還是以後再說吧！」於是他開始拖延。他把該做的事放在一邊，去做那些比較容易、比較有趣的事。

其實他只需要強迫自己做一次，就能找到行動的感覺了。一件看起來很難的事情，有時候只需要幾分鐘就可以開個頭，就能讓他進入行動的狀態、踏上成功之路的第一步，但是他拖延了一輩子也沒付出這幾分鐘。

對他來說，行動爲什麼這麼難？因爲行動就意味著要承擔一系列的責任，他下意識地懼怕承擔責任。

不要害怕承擔責任，要立下決心，你一定可以承擔任何正常的責任，你一定可以完成得很出色。世界上最愚蠢的事情就是推卸眼前的責任等待「時機成熟」。在需要承擔重大責任的時候，應該馬上承擔它。此時此刻就是成熟的時機。加果不習慣這樣做，即使將來的條件比現在更好，我們也不敢肯定時機是否成熟。這樣，就什麼事也做不了。

一個目標明確、胸有成竹、充滿自信的人，絕不會把自己的計畫拿出來與別人反覆討論，除非他遇到了比他見識多、比他能力強的人。他有主見，迫切需要行動。不會在徘徊觀望中浪費時間，也不會在挫折面前氣餒。只要做出了行動的決定，就要勇往直前。

專家評點：年輕人最容易染上的可怕習慣，就是遇事明明已經計畫好、考慮過，甚至已經做出決定了，卻仍然畏首畏尾、瞻前顧後、不敢採取行動。對自己越來越沒有信心，不敢決斷，最終陷入失敗的境地。整個事情成功的秘訣在於形成立即行動的好習慣，才會站在時代潮流的前列，而另一些人的習慣是一直拖延，直到時代超越了他們，結果就被甩到後面去了。

家長專欄：明日復明日，明日何其多，最消磨意志、摧毀創造力的事情，莫過於擁有夢想而不開始行動。

學生收穫：確定自己目標和計畫之後就應該馬上行動，不然就可能貽誤時機，或者意志被消磨。

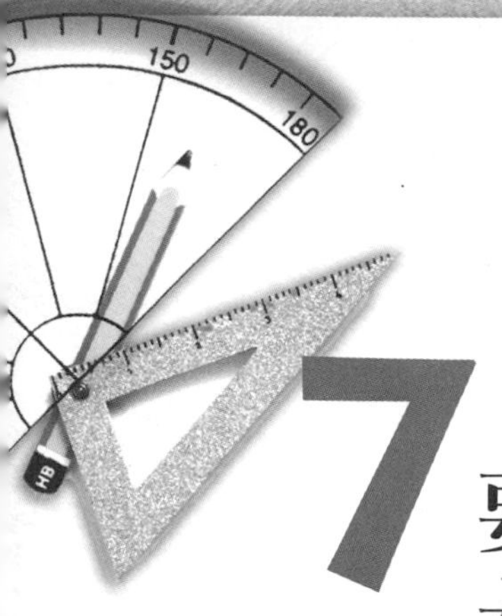

7 要想成功必須對自己有所計畫

百無聊賴地坐在桌前，對著那一疊疊厚重的參考書、習題冊呆望了一會兒，從中抽出一本，翻了幾頁，任意選一道題，結果半個小時也沒能做出結果，然後只有沒好氣地把它再丟回書堆中去，再抽出一本……，在這簡單的重複動作中，時間匆匆而過。

這樣的經歷，你是否有過？

這是心理空虛和急躁的表現：一方面想把握時間，努力讀書；另一方面，又常常舉棋不定，不知從何下手，往往由於一些小難題而自暴自棄。

最好的解決方法，就是使讀書具有「計畫性」。計畫是實現目標的前提，沒有計畫，目標就成了水上浮萍，沒有根基。做事沒有計畫，結果不是「眉毛鬍子一把抓」，就是像盲人摸象一樣，只見樹木不見森林。生活對於沒有計畫的人來說，就是「走一步看一步，當一天和尚撞一天鐘」。計畫是建築信心堡壘的基礎，完整而周全的計畫會使你信心百倍，即使遇到再大的挫折也能鎮定自若。

作戰講究「知己知彼，百戰不殆」。讀書也是一場戰鬥，計畫就是做到「知己」，因爲要制訂出符合自己實際的情況的讀書計畫，必須要「知己」。「知己」包括三層涵義：明確的估計自己的能力、瞭解當時讀書情況、明確讀書的目標。做到「知己」後，我們就可以制訂計畫了。

讀書不是胡打亂撞，想到哪兒是哪兒，要想取得滿意的讀書效果，必須對讀書時間、讀書內容等方面進行安排。一個國家要想發展，其領導層是必須制訂詳細計畫的。無法想像一個沒有發展計畫的國家，會是什麼樣子。歷史上的偉人，大多數是制訂合理計畫的能手，不然雄才大略從何而來？可見一個人要想成功，必須首先對自己有所計畫，而讀書計畫只是走向成功的一個方面。

最消磨意志、摧毀創造力的事情，莫過於擁有夢想而不開始行動。造船廠有一種力量強大的機器，能夠把一些破爛的鋼鐵毫不費力地壓成堅固的鋼板。善於行動的人就像這種機器一樣，異常堅定，只要決心去做，任何複雜困難的問題都無法阻止他們。

專家評點：無聊並不可怕，關鍵是要調整好自己的心態，想辦法走出無聊。生活處處開放著美麗的花朵，人生處處埋有珍貴的寶藏，只要你擁有一顆善於發現和探索的心。只要你用心樹立一個明確而實際的生活目標，你就可能為之全力以赴，那麼，你的生活將遠離無聊，變得充實而有意義、富有朝氣、生機勃勃。

家長專欄：無聊最消磨意志，無聊的時候做一些自己喜歡的運動，或者是看一些感興趣的書。

學生收穫：我們必須遠離無聊，把握住機會，勇於開拓和創新，實現理想，創造價值，以無憾於人生。

8 做人，需要腳踏實地

一年夏天，一位來自麻塞諸塞州的鄉下青年登門拜訪年事已高的愛默生。青年自稱是一個詩歌愛好者，從7歲起就開始進行詩歌創作，但由於地處偏僻，一直得不到名師的指點，因仰慕愛默生的大名，故千里迢迢前來尋求文學上的指導。

這位青年詩人雖然出身貧寒，但談吐優雅，氣度不凡。老少兩位詩人談得非常融洽，愛默生對他非常欣賞。臨走時，青年詩人留下了薄薄的幾頁詩稿。愛默生讀了這幾頁詩稿後，認定這位鄉下青年在文學上將會前途無量，決定憑藉自己在文學界的影響力大力提攜他。愛默生將那些詩稿推薦給文學刊物發表，但迴響不大。

他希望這位青年詩人繼續將自己的作品寄給他。於是，老少兩位詩人開始了頻繁的書信來往。青年詩人的信一寫就是長達幾頁，大談特談文學問題，熱情洋溢，才思敏捷，顯示他的確是個天才詩人。愛默生對他的才華大爲讚賞，在與友人的交談中經常提起這位詩人。青年詩人很快就在文壇有了一點小小的名氣。

但是，這位青年詩人以後再也沒有給愛默生寄詩稿來，信卻越寫越長，奇思異想層出不窮，言語中開始以著名詩人自居，語氣越來越傲慢。愛默生開始感到了不安。憑著對人性的深刻洞察，他發現這位年輕人身上出現了一種危險的傾向。

通信一直在繼續。愛默生的態度逐漸變得冷淡，成了一個傾聽者。

很快，秋天到了。愛默生去信邀請這位青年詩人前來參加一個文學聚會。他如期而至。在這位老作家的書房裡，兩人有一番對話：

「後來爲什麼不給我寄稿子了？」

「我在寫一部長篇史詩。」

「你的抒情詩寫得很出色，爲什麼要中斷呢？」

「要成爲一個大詩人就必須寫長篇史詩，小打小鬧是毫無意義的。」

「你認爲你以前的那些作品都是小打小鬧嗎？」

「是的，我是個大詩人，我必須寫大作品。」

「也許你是對的。你是個很有才華的人，我希望能盡早讀到你的大作品。」

「謝謝，我已經完成了一部，很快就會公諸於世。」

在聚會上，這位被愛默生所欣賞的青年詩人大出風頭。他逢人便談他的偉大作品，表現得才華橫溢，鋒芒咄咄逼人。雖然誰也沒有拜讀過他的大作品，即便是他那幾首由愛默生推薦發表的小詩也很少有人拜讀過。但幾乎每個人都認爲這位年輕人必將成大器。否則，大作家愛默生會如此欣賞他嗎？

轉眼間，冬天到了。

青年詩人繼續給愛默生寫信，但從不提起他的大作品。信越寫越簡短，語氣也越來越沮喪，直到有一天，他終於在信中承認，長時間以來他什麼都沒寫。以前所謂的大作品根本就是子虛烏有之事，完全是他的空想。

他在信中寫道：「很久以來我就渴望成爲一個大作家，周圍所有的人都認爲我是有才華、有前途的人，我自己也這麼認爲。我曾經寫過一些詩，並有幸獲得了閣下您的讚賞，我深感榮幸。

使我深感苦惱的是，從此以後，我再也寫不出任何東西了。不知道爲什麼，每當面對稿紙時，我的腦中便一片空白。我認爲自己是個大詩人，必須寫出大作品。在想像中，我感覺自己和歷史上的大詩人是並駕齊驅的，包括和尊貴的閣下您。

在現實中，我對自己深感鄙棄，因爲我浪費了自己的才華，再也寫不出作品了。而在想像中，我是個大詩人，我已經寫出了傳世之作，已經登上了詩歌的王位。

尊貴的閣下，請您原諒我這個狂妄無知的鄉下小子……」

從此以後，愛默生再也沒有收到這位青年詩人的來信。

愛默生告誡我們：「當一個人年輕時，誰沒有空想過？誰沒有幻想過？想入非非是青春的標誌。但是，我的青年朋友們，請記住，人總歸是要長大的。天地如此廣闊，世界如此美好，等待你們的不僅僅是需要一對幻想的翅膀，更需要一雙踏踏實實的腳！」

專家評點：空談誤國、誤己，確定了自己的目標就應該馬上付出實際行動，空談並不能帶來任何實際效果，只能帶來歲月的流逝，大好青春的浪費。

家長專欄：做事情關鍵是要落實，學以致用，真正解決實際問題。

學生收穫：拒絕空談，踏實、低調、少說多做，相信事在人為。

第六章

輕輕鬆鬆解壓力

1 笑對失敗

人生之路，一帆風順者少，曲折坎坷者多。成功是由無數次失敗構成的，正如美國通用電氣公司創始人沃特所說：「通向成功的路是用你失敗的次數來累積的。」

面對失敗，你要能夠笑對失敗，笑看人生！

失敗，算什麼？跌倒了，怕什麼？爬起來，還要追趕太陽！失敗了，哭什麼？抬起頭，依然擁有成功的希望。不要斤斤計較成敗，一個從來沒有失敗過的人，必然是一個沒有嘗試過什麼的人。笑對失敗，因爲每一次的失敗，都會增加下一次成功的機會！ 行動是失敗的大敵！也許行動不會結出快樂的果實，但是如果沒有行動，所有的果實都將無法收穫。記住：動而失敗永遠比坐以待斃強！

笑對失敗，因爲你只要決心成功，失敗就永遠不會把你擊垮！

海倫·凱勒是一位著名的美國女作家，一生創作無數輝煌的

文學作品，並為世界各地的盲聾人士巡迴演講，取得了巨大的成就。可是，當你得知幼時一場突如其來的疾病奪走了海倫的視覺和聽覺，而她卻勇敢地衝向心靈的光明的時候，你又會有何感觸呢？

上天對海倫如此不公，以致於吝嗇地僅賦予她生命最初的十九個月來洞察七彩的世界。然而，樂觀的精神卻使海倫擺脫自己黑暗和寂寞的世界，笑對人生之旅，最終獲得卓越的成就。我們身為擁有健康體魄的幸福的人們，又是怎樣做的呢？

時常有這樣的慘劇發生在我們的周圍：一些年輕的學生由於未考上理想的學校而放棄了生存的權利。看到這些，我們除了為他們的生命過早逝去而惋惜，是否也應為他們脆弱的心靈、無知的選擇，以及淺顯的目光而悲嘆呢？

朋友，請聆聽我真誠的告誡：笑對失敗，笑對人生吧！因為我們擁有明亮的眼睛，可以綜觀大千世界的無窮奧秘；笑對失敗，笑對人生吧！因為我們可以靜靜傾聽，感受起伏的波瀾和抑鬱的漣漪；笑對失敗，笑對人生吧！因為我們擁有健康的體魄，能盡情享受陽光的沐浴；笑對失敗，笑對人生吧！因為我們幸運地生存著，有一搏天性的機遇！

朋友，笑對失敗，笑對人生吧！既然上天賜予你生命之樹，爲何不好好珍惜它，辛勤栽培它，使它綻放出生命的燦爛，揮霍盡生存的情趣呢？切莫懼怕生活向它襲來的風霜，切莫被它一時的枝折葉落而對它的未來失去信心和希望。盡力用一顆樂觀的心靈去熱愛它吧！這樣，成功才會垂青於你，你的生命之樹才會常青！

名師點評：沒有永遠的勝利，也沒有永遠的失敗，如果能在失敗後不灰心喪氣，能夠笑對失敗、能夠繼續努力，那他一定會勝利！

家長專欄：孩子面臨的問題是包括學知識、學待人接物、學處事、學適應社會等等在內的全面學習……學習任務繁重，失敗在所難免。所以，在家裡的時候，身為父母的要多表揚孩子，讓他感受進步和成功的樂趣，最重要的是：幫助孩子正確對待失敗。

學生收穫：由於害怕失敗，我只能維持現狀，無所用心。但是，後來我懂得了如何正確對待失敗，也不再甘心平庸。現在我可以自信地說，過去我是與失敗相隨，而今天卻是與成功相伴。

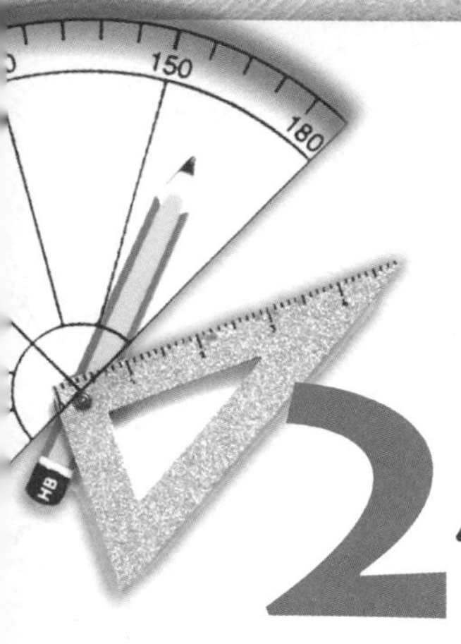

2 快樂是強者對人生最完美的詮釋

一位著名的哲學家曾說過：「我們唱歌不是因爲我們快樂，我們快樂是因爲我們唱歌。」如果你想快樂，就唱你知道的最快樂的歌。於是你就會快樂。

佛教有一種尋找快樂的方法，叫做「笑的沉思」。他們準備笑的時候，集中在一起圍坐成一個圈。當報時的鐘聲在某一刻響起，師父會擊打銅鑼，然後所有的和尚都開始笑。不論他們是否想笑，他們都必須笑。但是沒過多久笑聲就感染了所有的人，很快所有的和尚都眞正發自內心的大笑起來，於是，快樂縈繞在每個人的心頭。

快樂的人並非沒有痛苦，只不過他善於把痛苦錘鍊成詩行；快樂的人並非沒有眼淚，只不過他善於把眼淚化成心靈的燈盞，照耀著前行的路。所以，快樂是一種魅力，是涵蓋著一種振作、一種成熟、一種堅強、一種超脫的魅力。所以快樂是一種風度，是具有熱情和友善、具有接納和體貼、具有寬容和豁達、具有樂觀和輕鬆的風度。

快樂是強者對人生最完美的詮釋，快樂是從從容容的人生態度。我們微笑著面對生活，生活也一定微笑地面對著我們。喧囂塵世，受約束的是生命，不受約束的是心情。只要心是晴朗的，人生就沒有雨天。生命，有時只需要一個眞誠的微笑，一份眞正的快樂。

給生命一個眞誠的微笑，無論你在成功的頂峰還是失敗的谷底，無論你爲愛興奮還是爲恨傷懷，無論你爲過錯而痛悔，還是爲忽略而失落……我們都要用生命之初那最本質的寬容和坦蕩，給心靈安個休憩的小家，一切的悲愁都加以詩情和智慧去塗抹，那麼你的眼前將風光無限，海闊天空。

給生命一份眞正的快樂，用你對自我的虔誠和篤信，用你對他人的摯愛和尊重。擺脫一切來自外界的糾纏和來自內心的牽絆，揮別生活中的窒悶和壓力，純純地笑，忘情地笑，透溢出人格的亮色，一展生命中燦爛的光澤。

不要讓烏雲遮住你的眼睛，用笑聲來爲自己尋找一絲陽光，用快樂來爲自己營造一份心情。

守候著生命開始的夢，給生命一份眞正的快樂，那麼，周圍的一切都會因閃耀著美麗，銘示著珍惜，而令我們無法割捨。我們不必苛求生活，不必憐憫自我，不必怨天尤人，不必愁苦太多。給生命一個眞誠的微笑，我們將擁有溫馨和煦的春陽、空曠幽靜的小河、蔚藍高遠的晴空、生命中最爲動人的凱歌。

快樂，是一種氣質，氣質得益於修養；快樂，是一種境界，境界依靠的是磨練。珍愛快樂，也就是珍愛你自己；懂得了快樂，也就懂得了生活。在生命中尋找每一份快樂，珍惜每一份快樂，我們便擁有了整個人生，我們便不枉此行。

名師點評：一個快樂的人不一定是最富有、最有權勢的，但卻一定是最聰明的。他的聰明就在於懂得人生的真諦，那就是：花開不是為了花落，而是為了燦爛。

家長專欄：從某種意義上說，快樂本身就是一種道德，一種對自己的道德，也是一種對他人的道德。

學生收穫：學會快樂，是人最難學會的東西，但也是最值得學習的東西。

3 幽默是一種智慧的表現

幽默是一種特殊的情緒表現。它是人們適應環境的工具，是人類面臨困境時減輕精神和心理壓力的方法之一。俄國文學家契訶夫說過：「不懂得開玩笑的人，是沒有希望的人。」

當我們面對失敗，面臨壓力的時候，不妨給自己幽上一默，幽默是不良情緒的消毒劑和潤滑劑。哲學家把幽默視爲「浪漫的滑稽」；醫學家認爲幽默是人的一種健康機制，是美化心境的良方。幽默風趣的言行不僅可以給人帶來歡愉的情緒，而且能緩解生活中的壓力和衝突，使煩惱化爲歡暢，讓痛苦變爲愉快，使沉重的心境變得豁達、開朗和輕鬆，具有維持心理平衡的功能。

幽默可以淡化人的消極情緒，消除沮喪與痛苦。學會幽默，適時來點幽默，甚至是健康的逗趣，既可在歡聲笑語中忘卻憂愁，獲得無窮的樂趣；又可縮短人與人之間的距離，獲得良好的人際關係。學會幽默，它能讓你即使身處不利的情境之中，也能夠有勇氣和智慧跳脫自己的處境自我解嘲，進而防止自己鑽進悲觀的死胡同。那麼，怎樣培養幽默感呢？

領會幽默的內在涵義，機智而又敏捷地指出別人的缺點或優點，在微笑中加以肯定或否定。幽默不是油腔滑調，也非嘲笑或諷刺。正如有位名人所言：「浮躁難以幽默，裝腔作勢難以幽默，鑽牛角尖難以幽默，捉襟見肘難以幽默，遲鈍笨拙難以幽默，只有從容緩和，平靜自然，超脫瀟灑，遊刃有餘，聰明透徹才能眞正幽默。」

擴大知識面，幽默是一種智慧的表現，它必須建立在豐富知識的基礎上。一個人只要有審時度勢的能力，廣博的知識，才能做到話題豐富，妙言成趣，進而做出恰當的比喻。因此，要培養幽默感必須廣泛涉獵，充實自我，不斷從浩如煙海的書籍中收集幽默的浪花，從名人趣事的精華中擷取幽默的寶石。

陶冶情操，樂觀對待現實，幽默是一種寬容精神的體現。要使自己學會幽默，就要學會雍容大度，克服斤斤計較，同時還要樂觀。樂觀與幽默是親密的朋友，生活中如果多一點趣味和輕鬆、多一點笑容和遊戲、多一份樂觀與幽默，那麼就沒有克服不了的困難，也不會出現整天愁眉苦臉、憂心忡忡的痛苦者。

故生活中的每個人都學會幽默，多一點幽默，少一點氣急敗壞，少一點偏執極端，少一點你死我活。

名師點評：幽默是人們為改善自己情緒和面對生活困境時所產生的一種需要。它的形成主要在於人們的情緒。當你對他人的幽默以快樂和肯定來回應時，當你幫助他人感受快樂時，健康的幽默就已經產生了。

家長專欄：因為沒有幽默，我們為雞毛蒜皮而惡語相向，因為沒有幽默，我們把生活搞得痛苦而枯燥。

學生收穫：如果眼前困難重重，我會幽人生一默。

4 不要放過任何一個激勵自己的機會

「我是一個坐在角落裡不被人重視的學生，我的學業成績一直不好，我沒有特長，也不活潑好動，就那樣默默無聞地坐在那裡，看那些優秀的同學表現自己、發揮自己。我多麼希望自己能夠像那些成績優秀的同學那樣，被老師叫起來回答問題時口若懸河，屢屢贏得老師讚賞的目光；我多麼希望自己能在運動場上飛奔起來，博得同學們的一片掌聲……可是我一無是處，怎樣努力都沒有任何的起色，我很煩，有些東西沉甸甸地壓在我的心上。老師，您知道我的願望嗎？您瞭解我心中的感受嗎？我多麼渴望自己也能夠優秀一下，被您重視一次，哪怕是一天，哪怕只有一次，我就心滿意足了。老師，給我一點陽光，讓我燦爛一次吧！」

這是一個國中二年級學生的日記，「給我一點陽光，讓我燦爛一次！」卻說出了一個成績不好，渴望自己變得優秀，心中充滿煩惱和壓力的學生的心聲。

每個人都希望自己是優秀的，每個人都渴望被重視、被關注、被肯定。然而在這個社會裡，競爭日趨激烈和白熱化，競爭滲透到社會生活的各個領域，從社會到學校，從成人世界擴展到青少年世界。很多時候，我們看不見陽光，彷彿生活被烏雲密佈一樣。生活緊張、壓力巨大，人們持續處於應付緊張狀態，一遇上挫折和失敗就很容易心情沮喪、情緒低落。在不斷的挫折和失敗之後，人們開始否定自我，懷疑自己的人生目標，迷失了生命的意義。

給自己一點陽光，就不要放過任何一個激勵自己的機會。要將那些激勵自己的方法熟記在心，然後一遍又一遍的重複，這些想法在你的腦海中反覆的出現，直到再也不能將它們拋出你的大腦爲止。

給自己一點陽光，就要學會讓這縷陽光保持下去。要有意識的用你想要的樂觀的人生信條來培養自己的思想。無論在何時，打開你思維的一個想法、一個句子，或者激發你靈感的話，它就像一隻偶然停留的蝴蝶，你就立刻捕捉牠，然後將牠放飛於你自己的意識領域之中。

名師點評：人生很多時候，會遇到挫折、傷痛、悔恨、憂愁……這個時候，你就需要一個支點幫助你爬起來。如果周圍是一片冷嘲熱諷，就如你日日夜夜都被黑暗包圍著，你又怎麼能尋找到光明？但如果耳畔傳來一聲「你行」，哪怕再微弱，哪怕還夾雜著一點懷疑，你卻可以重新爬起來，去面對一切了。

家長專欄：也許，我們不經意的一句表揚是孩子生命中的陽光，會溫暖一切、照亮一切。幫助他們恢復起積極向上、自信飽滿的情緒，幫助他們在冷風冷雨中找到支點，爬起來。請記住：鼓勵不是鮮花，鼓勵也不是成功之路；但它可以使鮮花綻放，可以驅走一方黑暗與寒冷，照亮孩子的成功之路。因為它是生命中永遠的陽光。

學生收穫：我們不容易改變環境，但卻可以改變自己，可以自己創造生命中的陽光。

5 把快樂和煩惱與你周邊的人一起分享

人生五彩斑爛，充滿了喜怒哀樂、酸甜苦辣。幸福的眩暈、熱情的衝動、困惑的迷惘、挫折的苦悶，時時襲擾著人們的心靈。任何人都不可能獨自背負所有的壓力，快樂的時候你需要有人與你分享；悲傷的時候你更需要有人給予你支持和信任。

當你把快樂與朋友分享的時候，你的快樂就變成了雙份；當你將你的煩惱向朋友傾訴時，你的煩惱就會被攤薄成一半了。傾訴能夠讓你在「宣洩」痛苦的同時，感受到好友的勸告與撫慰，使煩惱煙消雲散。這樣，你就得到了情感表達需求的滿足，心靈慰藉需求的滿足。所以，傾訴痛苦，把煩惱攤薄，往往不是尋求一個好參謀，而是選擇一位好聽眾。

一般來說，人們常常願意在自己同類群體之外的交往對象那裡打開自己的心扉。比如，人們往往對別班的人、外地人，甚至陌生的人更容易袒露自己的內心世界，這是情感交往的特點所致，異類群體中的人相對來說安全係數比較高一些。你的家人、朋友，他們大都獨立於你的讀書環境以外。正因爲與你的讀書環境毫無瓜葛，他們更能夠客觀地、無私地給予你力量。

所以，如果你心中有種種苦悶無法排解，如果你心中有很多不平需要傾訴，你不妨找一位熟悉你的家人或朋友進行傾訴，試試從親人、朋友那裡獲得能量，千萬不要認爲「說了他們也不明白」，情感的交流往往只是一個眼神、一縷笑容，但卻能夠於細微之處給你帶來巨大的力量。無論對方是眞心的安慰你，還是只是一時的敷衍來勸導你，你心中積蓄以久的苦悶會像決堤的大水一樣流出心中，你會感到前所未有的輕鬆和愉快。

記住，家人、朋友是你汲取力量的地方，向他們傾訴你的煩惱，或享受與他們交流的機會。充充電然後再面對生活中的壓力，你的生活會煥然一新！

名師點評：要學會傾訴，傾訴實際上是傾倒你的心理垃圾，為心靈減壓。不要沉溺於自己的苦難，而要做自己心靈的清潔師；心理垃圾在心裡積存太久，就會毒化你的心靈，令心靈失去光澤，對前景失去信心。只要有勇氣敞開心扉，並選擇一位令你感到安全的聽友，如你的家人、朋友或者心理專家，傾訴會使你受益良多。

家長專欄：孩子喜歡和家長說話，把自己的煩惱向家長傾訴，是對家長的信任，這很可貴。只要可能，家長千萬不要打斷孩子的話，或者表示厭煩，因為，這麼一來，孩子比較脆弱的自尊心就會遭到傷害，弄不好，還會從此向你關閉敞開的心扉，實行自我封閉，這樣下去，後果將不堪設想。

學生收穫：家庭是我們安全、可靠的港灣，在這個港灣裡父母和親人能幫我們分擔憂愁和煩惱，他們能讓我們獲得心理上的調適與生理上的恢復，我覺得這就是幸福。

6 在音樂中享受恬靜

生活中的煩惱會給我們帶來哀怨、惆悵等不良情緒，會消磨我們的活力。每當它苦苦糾纏我們的身心時，我們應毫不猶豫地採取一切有效的行動，將其立刻驅逐「出境」。

有位大學教授，每遇生活壓力或遭受挫折時，就會拋開一切，去聽一場音樂會。此時，他選擇的音樂通常都是令人感覺舒適的輕音樂。他說，我能在欣賞它們的過程中，感受到藝術的美麗和寧靜，感受到身心的愉悅和放鬆，而煩惱和壓力也在這愉悅和放鬆中悄悄地逃跑了。

研究顯示，音樂會呈現出一種和諧、自在的韻律與意境，給予大腦一種柔軟、舒適的按摩及無限的空間，可刺激腦內腺體的分泌而感覺愉悅，因而增進血流，降低血壓，調節脈動及呼吸。音樂，可治療壓力、悲傷、憂愁、精神分裂症與自閉症。因此，能讓人在音樂中忘卻煩心、解除所有壓力，達到身體、心靈的雙重放鬆。

透過聽音樂來解除壓力、解放身心，幾乎是最普遍的鬆弛方法，也確實有其煥然一新的效果。有專家說放鬆心情的音樂應該由樂器慢慢地、靜靜地演奏出來，但實際上每個人會賦予音樂自己的意義。如果你厭惡了聽布拉姆斯的音樂，其實也沒關係，使人寧靜的音樂有兩個特性：熟悉與喜好，所以無論是何種音樂，只要能讓你高興就好。合適的音樂可以使人鬆弛疲憊的身心，當一個人意志消沉時，有時還可以藉音樂鼓舞士氣。如果可能，製作一片能半小時連續不斷播放的輕鬆的音樂CD。同一音樂的不斷重複，可以引起你積極的聯想，解除緊張。

藉助音樂來緩解壓力、舒緩神經時，要注意音量的調節，要注意選擇合適的環境和做好心理準備：

一、室內的光線要明亮柔和，不要過於幽暗。空氣要清新，最好室內有些花草植物，使環境富有生氣。

二、在開始聆聽音樂前最好先洗把臉，清醒一下；或者搓熱雙手，用掌心按摩面頰幾分鐘，效果會更好。

三、找一把舒適的椅子坐好，閉眼，在心裡掃描身體各個部位。注意緊張的部分、痛的部位和鬆弛的部位。當你注意音樂的時候，同時注意自己的心境。每當無關的思想進入頭腦時，注意它，並丟開它。音樂結束時，再在心裡掃描全身各處，比較一下此時的感覺與音樂開始前有什麼不同。

四、在聆聽音樂時要保持積極的態度。因爲心理狀態不同，效果也不相同。

名師點評：音樂除了能陶冶人們的情操以外，還可透過人的心理作用來影響身心功能。輕鬆悅耳的音樂可轉移人們的病態信念和各種不正常的、消極的情緒狀態，增進自我價值的認知和治療信心。

家長專欄：音樂可以解憂，做父母的應充分認識到這一點，即時安排愉悅身心的音樂來幫助孩子驅除不良情緒和煩惱。

學生收穫：煩惱的時候，我可以打開音響，靜靜地坐在沙發上，閉上眼睛去體驗音樂裡描寫的美好場景。音樂使人平靜，在音樂結束以後思考問題更加理智，思路更加清晰，這時候做出的選擇往往是明智的。

7 運動能保持心理的快樂和健康

不運動，可以找到一百個理由，而運動，需要理由嗎？

當然，如果非要爲運動找一個理由的話，那麼，運動能夠保持身心的快樂和健康，運動是解除壓力最實際的方法，就是最好的理由。

生命在於運動，保持腦力和體力協調的運動，是預防和消除疲勞，保持健康長壽的重要因素。運動會使身體器官更加強壯，增強身體的免疫力，更有效地抵禦各種疾病的侵襲。每天三十分鐘中等強度的體力勞動是預防疾病的最小運動量。當然運動對於身體的益處還有很多，這只是最重要的幾點，青少年朋友對這些也肯定耳熟能詳了。

運動能保持心理的快樂和健康，運動是解除壓力的最好方法。這一點大概很多人還比較陌生。實際上，運動對於心理健康的重要性，絕不亞於對身體健康的重要性。做四十分鐘的運動，可以減少壓力長達三個小時，若是相同時間的休息卻只能讓你輕

鬆二十分鐘。同時，若是愈緊張，運動之後就愈能感到愉悅。

青少年很多心理的不適是由於緊張、焦慮引起的，透過一些運動方式，調理呼吸，放鬆身體，這時內心的壓力也會隨著身體的放鬆而得到緩解。另一方面，因爲課業的壓力很大，青少年朋友大部分的時候都在看書、聽講、寫作業，主要進行的是腦力活動，而幾乎沒有什麼時間和精力用在體力活動上，這樣在大腦內一部分細胞一直處於工作和興奮狀態，一部分細胞一直處於休眠和抑制狀態，這種不平衡，就會影響到讀書的效率，引起失眠，甚至會引起精神上的焦慮和抑鬱。還有，運動可以使你結交更多的朋友，而良好的人際關係是心情愉快的一個重要影響因素。有沒有這樣的感受？當春天來臨的時候，你和朋友一起去郊外春遊，一起爬山、一起生火做飯、一起放風箏、一起歡笑，那個時候，你是不是有一種特別輕鬆和快樂的感覺？

運動有一些心理上的好處：增加自制、自主、自我滿足感；增加自信心；改善身體形象和自尊；改善在工作壓力下大腦的活動節奏；改善心理功能、注意力和效率；清理、宣洩在人際關係或工作讀書中的消極情感；降低應付緊張情況的壓力；擺脫輕度煩惱。

所以，爲了你的健康，爲了現在、未來、一生的健康，現在就不要爲自己不運動再找一個理由了，走出你的房間，開始運動吧！

名師點評：運動時，運動者往往會心態平靜、精力充沛，充滿自信地積極應對挑戰，全力以赴發揮最佳水準。這種狀態實際上是一種本能式的運動狀態。在這種狀態下，你會完全脫離憂慮、毫無顧忌，自信而放鬆。

家長專欄：遇到煩惱、鬱悶時，根據自己的興趣和愛好，分別採取自己喜愛的活動，比如聽聽音樂、跳跳舞、做做運動、打打球、游泳，都可以鬆弛一下繃緊的神經。

學生收穫：運動是一個用流汗排除煩惱的辦法，運動使我興奮，被室外的風吹過，被汗水沖刷過的頭腦很活躍，能有更多更好的解決問題的方法。我比較喜歡跑步、籃球、游泳。

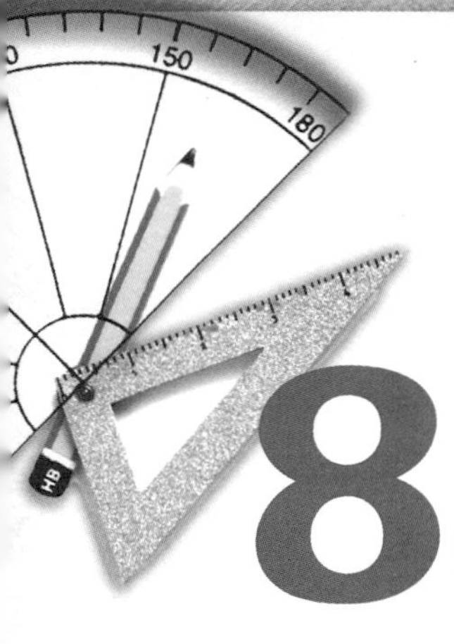

8 成功需要強烈的信心

親愛的中學生朋友們，現在的你們是不是都在緊張地期待著將來的考試？

也許，你們的目的並不一樣，有的爲即將到來的國中基測做準備，有的正在爲大學指考緊張鋪路；有的是爲了關心自己的父母和家人；有的是爲了證明自己不比別人差；有的是想遠離父母的懷抱，尋找一片屬於自己的自由天空。但不管怎樣，我們正在經歷的應試教育可能早早地就在我們的心底埋下了一顆種子，那就是希望有一天，我們開始我們眞正該有的生活，去做我們自己想做的事情，去見我們自己想見的人，去實現我們自己的夢想，去過自己想過的生活。

我們的願望如此之強烈，以致於漫長的複習和備考對我們來說是如此的漫長；我們如此地渴望成功，以致於這種強烈的危機感在我們的心裡自然而然地產生了：我們到底能不能成功？這麼多的人，最後我到底會怎樣？在大學指考面前，再自信的人也會猶豫，成績再好的人也會對自己產生懷疑。我到底能不能考到我理想中的那所學校？我的勝算有多少？未來對我來說會是什麼樣的呢？結果會是怎麼樣的呢？誰也不能給我們一個滿意的答案。

那麼，我們該怎麼辦呢？

親愛的同學們，你們對自己有信心嗎？

如果你們的回答是堅決而肯定的，那麼我想你至少成功了一半。如果你對自己仍然沒有多大的信心，或者根本就沒有信心，那麼我想你就有必要調整一下你自己的心態，從樹立信心開始。一定要對自己有信心，無論我們現在的情況怎樣，也無論我們是誰，只要我們去奮鬥，踏踏實實地去努力，去認眞地思考和尋找每一個我們所面臨的難題，我想大家就一定能獲得成功。

大家是否聽說過洛克菲勒和林肯總統的故事。聲名顯赫的洛克菲勒，原本只是一個無法維持三餐的窮修理工，最後卻憑藉自己不屈不撓的努力成爲美國的著名富翁之一。林肯在年輕的時候曾是個失業、前途無望的人，他自己著手開辦的企業不到一年就倒閉了，在後來的十七年間，他不得不爲償還企業倒閉所欠的債務而四處奔波，歷盡了挫折和苦難；從事政治生涯後，九次競選九次失敗，但他從未對自己喪失信心，後來終於成功地當上了總統，領導了偉大的南北戰爭。

這些人的成功，無一不是對自身能力的肯定，無一不是對光明前途擁有強烈的信心。道理很簡單，如果你對自己沒有任何信心，如何會有勇氣去面對前進道路上的各種艱難困苦？如果不能克服這些困難，又談何成功呢？任何的成功都是辛勤汗水的結晶，都是建立在對自身信心認可的基礎上。因此，千萬不要說我不行，我是不可能的。只要你對自己有信心，透過努力，去想了、去做了，那麼，一切皆有可能，Nothing is impossible！

名師點評：適當地聽聽音樂、加強運動等都是不錯的調節方法，但這一切都不是關鍵，最重要的還是要有一顆「上進心」、一顆「平常心」，以一個樂觀的心態去面對這人生中千百次「考試」中的一次，才會有一個如你所願的結果。

家長專欄：從某種意義上來說，家長是孩子的「樣板」和「標杆」，因此，在面對孩子時，做家長的一定要爭取保持一種安詳、自信的精神狀態，以培養孩子積極、進取的樂觀心態。

學生收穫：古語云：「狹路相逢勇者勝。」面對困難和挫折時也應當如此，用必勝的信念去面對它們，困難和挫折一定會不戰而敗！

第七章

立場堅定抵擋誘惑

1 自制力是抗拒誘惑的關鍵

也許，下面的情形正發生在你身上。當你拿起課本的時候，你覺得課本很沒意思，讀書很無聊，這時你思緒萬千，你在想：

一·讀書多累啊！還是看武俠小說輕鬆，將來自己能寫武俠小說也不錯。

二·先玩一下遊戲吧！打過這一關再看書也不遲。

三·功課已經落後很多了，補不回來了，即使現在努力也沒用，乾脆上網聊天去。

四·電視頻道正在熱播的韓劇就是浪漫，不知道男女主角怎樣了，今天得好好看看。

其實，對於讀書，也許你知道應該努力，也瞭解國中基測、大學指考對自己的重要性，知道只有改變自己才能獲得成功，但是你卻因爲上面的思緒萬千而在讀書的道路上猶豫和徘徊，這暴露了你的弱點——你缺乏自制力！爲什麼你會覺得很累？爲什麼你會避重就輕？你爲什麼那麼容易動搖？你想過嗎？現在我向你揭示你的問題；你並不是沒有能力，你缺少的僅僅只是自制力和那麼一點毅力！而且，你還受到很多外界事物的干擾和影響，很多事情誘惑著你，使你沒有辦法自持，而這些誘惑使你把許多的本來應該用於讀書的精力大量地放在其他事情上面，沒有正確地處理好讀書與興趣之間的關係。最後使原來可以促進讀書的興趣取向成爲了阻礙自己讀書取得進步的障礙。一句話：

你的興趣變成了你無法阻擋的誘惑，它們分散了你讀書的精力。

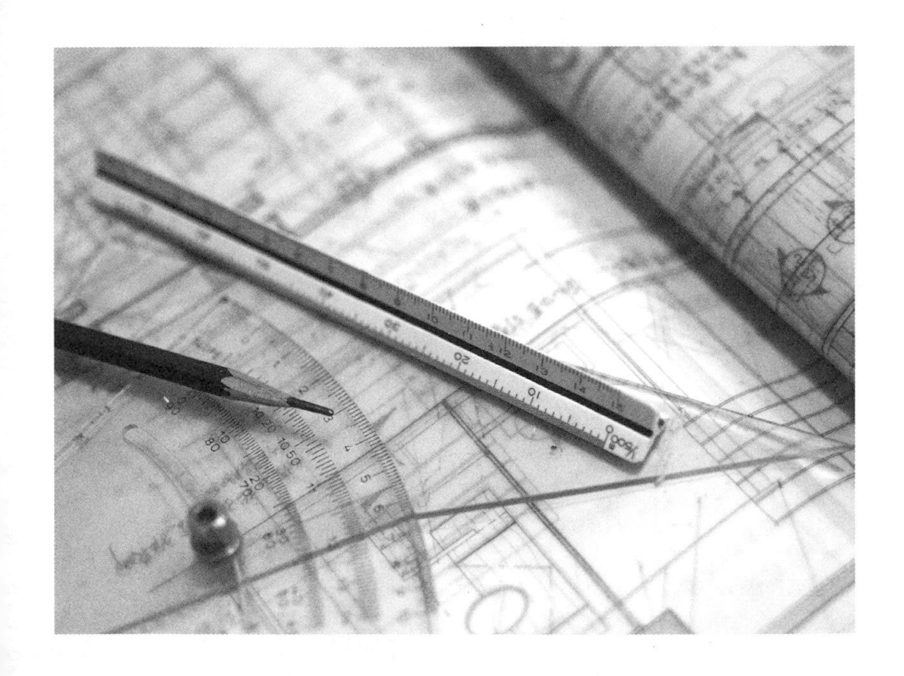

你是因爲缺乏自制力，才抵制不了這種誘惑。可見，你面臨的最大問題就是怎麼對待各種誘惑，和怎麼樣具有很強的自制力。

現在的你，在經歷過誘惑後，必須重新開始，你必須爲你以前所做過的東西付出代價。你不能如同那些一直努力讀書的學生一樣駕輕就熟，你還需要時間去磨合。所以，你必須學會去面對和解決它們。畏懼或者逃避只能說明你仍然沉溺於以前的錯誤，你還沒有眞正的理解，你還沒有眞正的知道你自己應該如何去面對前途的選擇！

是的，我們每個人都希望安逸，都希望快快樂樂地走向成功的禮堂。沒有人希望經歷那些困境和愁苦，但是，如果這些你面對了，你應該如何去辦？難道放棄希望和追求是你最好的選擇嗎？不是的，親愛的同學，你捫心自問，如果你希望繼續沉溺於那些消遣和愉悅，你難道還會向理想追尋嗎？你的行動已經證實了你的內心，你不希望沉淪，你希望明天更美好。

你應該有決心、有信心成爲打倒攔路虎的武松，因爲你也有你的哨棒——毅力和勇氣！你首先需要的就是這兩個，它們是自制力的最基本體現。你可以實踐這句話——不管遇到什麼誘惑，你只需要這樣做：我再堅持那麼一會兒吧！我不知道該怎麼辦了，那麼讓我再堅持一會兒吧！

你會很痛苦，你會覺得這是一種熬煎，但是，你必須堅持，你書讀不下去了，但是，你不要放棄，堅持吧！繼續吧！你會成功的！

名師點評：當面對誘惑時，最有力的支持來自於你自己，內心堅定的自制力是抵禦引誘的有力武器，它使人從無能為力的受迷惑狀態中解脫出來，恢復控制自我的能力，重新做自己的主宰。

家長專欄：生活中孩子最容易模仿的對象是父母，父母自制力的表現會影響孩子自制力的發展。一個衝動、情緒不穩定、行動缺少自制的父母，必須先教育自己增強自制力，才能幫助孩子建立自制力。

學生收穫：別人幫不了，真正起決定作用的是自己！樹立自己願意付諸努力的目標，而且是明確的目標，會有利於增強自己的自制力。

2 不做電影、電視的迷戀者

今天，電視已經走進了千家萬戶，收看電視劇和綜藝節目已經成爲人們主要的娛樂和休閒方式。有很多中學生很喜歡看港、台、日、韓的青春偶像劇，進而喜歡上了劇中人物的生活方式或者服飾等等，並以此爲榜樣，甚至到了迷戀的程度。

無可否認，這些偶像劇是很吸引人的。這些偶像劇提供給中學生們一種理想中浪漫的場景，其中很多電影和電視劇中都有一些描寫異域校園生活的內容，這引起了很多學生對於影視作品中的那種生活的憧憬，這種巨大的吸引力使青春期的孩子們很容易沉迷進去，他們認爲影視作品中的生活就是眞實的，甚至有人覺得影視作品就是別人生活實踐的總結，可以從中學到生活的經驗和處理感情的辦法。但是，經常看電視劇的你難道沒有發現螢幕上經常出現的這句話嗎？「本故事純屬虛構。」同學，別人已經告訴你那是瞎扯了，你難道非得向它學習才善罷甘休嗎？事實上，電視劇永遠只是一種消遣的形式！

當然，偶爾看幾部電影、聽幾首音樂，可以放鬆一下緊張的心情，調節一下生活的情調，但是如果整天沉迷於此，甚至沉浸在一些無聊之極的泡沫電視劇裡，就是浪費生命。你可以這樣設想，如果給你一個選擇，你是願意做爲一位演員來眞正參與舞台的演出，還是希望永遠只做一位爲劇中人歡欣或者流淚的觀眾？既然你憧憬劇中人物的生活，那麼你當然希望做爲一名演員。那麼好的，你可曾知道你現在所做的這種僅僅沉溺於電視劇的荒唐之舉正是違背你的想法，是違背你的願望的呢？你僅僅只是沉溺於別人的演技，默默地做著一位可有可無的觀眾的角色，卻忽略了一場由你主演，可以給你帶來榮耀的大戲——你的人生。

不要光看別人的演出而忘了自己的那場大戲！

也許，大家知道迷戀電影、電視是一種耽誤自己人生、沒有多大益處的事情，但是很多人往往難以抵擋它們的誘惑。那麼，讓我們想辦法遠離它們，不再做電影、電視的迷戀者。

一·不要買影視報刊，也不要看電視預報，這樣可以杜絕你的電視預期，讓你不會一直處於一種對電視節目的欲望之中。

二·改變自己的消遣和放鬆方式。可以聽聽收音機或者CD、MP3等等，其實音樂在很多時候還有一種杜絕外部干擾的作用，可以幫助你靜下心來好好讀書。所以，不要聽節奏激烈的曲子，你可以聽一些鋼琴曲或者純音樂，那樣是很有幫助的（但是注意不要把聲音開得太大和長時間地收聽）。

名師點評：電視是一把雙刃劍，它讓孩子們正當娛樂、求知、社交的同時，也可能物極必反，讓孩子們沉迷、懶惰，耽誤學業。當然，我們只是希望孩子不迷戀電視，不對電視上癮，而不是反對孩子看電視。因為，在某種意義上説，我們已進入了一個電視時代，電視機是關不掉的，問題在於我們怎樣去控制它。

家長專欄：幫助孩子學會控制看電視的時間；規定孩子看電視的條件，例如明確地對孩子講清楚沒收好玩具不能看電視；指導孩子有計畫地收看電視節目；對節目有所選擇，在有限的時間裡選擇最有意思的節目看。工作日的晚上不能看電視應該成為一項家庭制度。這項制度一定要強迫執行，對孩子、對父母都一樣。

學生收穫：離電視遠了，我的課業好了！

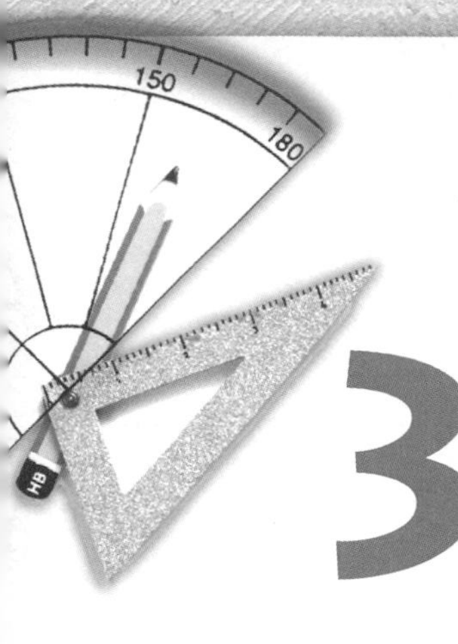

3 做言情、武俠小說的旁觀者

現在，言情、武俠小說和漫畫在中學生中十分流行，很多學生都或多或少地看過。很多學生沉溺於這些消遣讀物，嚴重地影響了他們的課業。

的確，言情和武俠小說對很多人有極大的吸引力。它提供了一個刀光劍影與風花雪月的虛擬世界，使我們爲小說人物的種種英雄氣概、兒女情長而震撼，並且想像自己遨遊其中，無拘無束，坐擁江山美人，獲得極大的心理滿足。

但是，這些武俠、言情小說和漫畫對你的課業和成長是沒有什麼用處的，至少從讀書高手的情況來看，沒有誰認爲武俠、言情小說和漫畫對他們的學習成功起了巨大的作用。更重要的是，對於中學生朋友來說，有些不健康的書讀了甚至是有害的，是會對人生前途產生巨大的惡劣影響的。

那麼，會有同學問，如果整個中學生活只是面對著繁重的課本和練習冊，那樣的生活是多麼沒有意思的啊！的確，中學生活是艱苦的，你們提出娛樂需求也讓人理解。但是必須記住你的身分，你是中學生，你有重要的事情要完成，你的娛樂爲的是讓你的學習更有活力、更有熱情！

如果你覺得自己的娛樂就是看武俠、言情小說和漫畫，那麼，你必須暫時摒棄這些愛好，因爲你已經讓這些東西控制了，你已經很危險了！所以，你應該學會做言情、武俠小說的旁觀者。

一·把你現在正在看的武俠、言情小說或漫畫趕快看完，不要再牽腸掛肚。

二·把這些武俠、言情小說和漫畫收藏起來，放在遠離自己的地方，或者乾脆送人，徹底斷絕你的欲望。

三·在消遣的時間，你可以嘗試地看優秀的文學作品，世界名著。你從中可以得到很多新鮮的觀念。而且，由於名著一般不以情節取勝，就不會令你牽腸掛肚。

四·把平時的零用錢存起來，身上少留錢，不去租或買武俠、言情小說或者漫畫。

名師點評：不少流行的武俠、言情小說，多是商業化創作，其情節曲折生動，符合當代人的一些心態，再加上一些媒體的炒作，使得不少中學生對其十分青睞。但是這些流行小説的文化底蘊未必深厚，篇章結構未必嚴謹，遣詞用句未必恰當，並有千篇一律、矯揉造作之嫌。中學生把有限的課外時間大量地耗費在閱讀這些流行的商業化小説上面，實在有些不值得。

家長專欄：應該引導孩子們多讀《三國演義》、《西遊記》、《水滸傳》、《紅樓夢》等中國古典名著，用經典著作來取代這些武俠、言情小説。

學生收穫：流行文化多少知道一些並無害處，只要與它們保持適當距離就沒事。

4 網路，也可以不沉迷

隨著數位時代的到來，網路已成為青少年朋友們讀書知識、獲取資訊、交流思想、開發潛能、休閒娛樂的重要平台。但網路是一把「雙刃劍」，特別是中學生社會認知不足，自我防護意識缺乏，如果一味沉迷其中，往往會受到其負面影響。

近年來，有些學生在網咖連續幾天幾夜上網，因為內臟器官功能衰竭而死的新聞不只一次被報導。專家研究發現，上網時間過長，大腦神經中樞持續處於高度興奮狀態，會引起血壓升高，植物神經功能紊亂，體內激素水準失衡，這些將導致睡眠、健康問題，並且影響生長發育。此外，還會誘發心血管疾病、胃腸神經官能症、緊張性頭疼、焦慮、憂鬱等，甚至可導致死亡。

沉迷於網路，也會引起心理健康的問題，如果沉迷於網路，會因為缺乏人際交流而產生自閉傾向。因此，我們必須早日切斷對網路的迷戀，養成良好的上網習慣，從沉迷中清醒。

一、保持正常而規律的生活，不要把上網視為逃避現實生活問題或者消極情緒的工具。

二、上網要有明確的目的，有選擇性地瀏覽自己所需要的內容，不宜漫無目的。

三、上網過程中應保持平靜心態，消除獵奇心理，不要過分投入。

四、上網時間應注意控制，在上網之前給自己限定一個時間，時間不宜過長，應保持正常的生活、工作、讀書規律，合理安排好自己的日常生活。

五、注意遠離一切色情、暴力性節目，對於網上的陌生人，即使是談得比較投機，也要保持基本的警覺心理，要有充分的自我保護的意識。

名師點評：面對中學生沉迷於網路的現象，不能「堵」，只能「疏」。造成孩子沉迷於網路的原因並不是網路本身，在它的背後。沉迷於網路的孩子，無法控制自己。他們需要的是幫助，而不是責備。人機對話代替不了師生對話，也代替不了親子關係，所以，這需要父母、老師更細心地關心這部分孩子的課業、生活，給他們多一點關切，耐心地和他們講道理，幫助他們走出網路這個迷陣。

家長專欄：做父母的要檢討自己的教育方式，多與孩子溝通，多給孩子關懷、理解與賞識，想辦法拉近自己與孩子的距離，讓他們在現實生活中實實在在感受到親情、友情，而不到網路上去尋找那些所謂的自由、平等。

學生收穫：其實，現實中能夠得到的東西，我也不會去虛擬的網路中尋找。

5 遊戲，玩兩把就夠

阿新今年上國三，他的英文很好，因爲有一些外國的朋友會經常寫信給他，阿新的爸爸就給他買了一台電腦，讓他能夠有更多的機會與他們交流。剛開始的一個月，阿新的學習興致很大，後來，爸爸發現，阿新房間裡面的燈晚上關得越來越晚了。學校班導師告訴阿新爸爸，說阿新最近上課時老打瞌睡，學業成績，包括英文成績也都退步了。爸爸開始留意了，有一天晚上，走進阿新房間，發現阿新正聚精會神地盯著電腦螢幕，螢幕上是飛速變換的遊戲打鬥畫面，阿新好一會兒都完全沒有察覺有人進來，一邊雙手飛快地按著鍵盤，不時還發出一陣驚呼。原來阿新迷上了電腦遊戲！

現在一些電腦遊戲確實很誘人，遊戲者不僅可以從中感受到其他娛樂形式無法感受的美妙、驚險與刺激，遊戲者還可以透過操作、干預改變遊戲進程和結果，從中體驗到在現實生活中感受不到的自身力量，得到現實生活中得不到的自我肯定，進而獲得極大的心理滿足。接觸遊戲者，很容易便被其深深吸引。

然而，遊戲會對青少年的智力、心理健康產生很多不利的影響。最新科學研究發現，長期沉迷於電腦遊戲，會影響到大腦的正常發育。沉迷於遊戲，也很容易荒廢學業。此外，遊戲畢竟是虛幻的，我們不可能永遠地沉迷於這種虛幻的自我滿足，必須面對眞實的世界。在眞實的世界裡面取得成功，才是眞正的強者。而這就需要付出努力，並不僅僅是靠逃避到虛幻的遊戲中就可以的。

所以，玩遊戲並不是不可以，而是需要有一定的自制力，有一定的限度。爲了放鬆自己，在緊張之餘小玩兩把是可以的。當發現自己對於遊戲入迷的時候，就要克制自己每天或每次玩的時間。

首先，固定自己玩遊戲的時間——你以前會用一整天或者一天之中的大部分時間玩遊戲，那麼第一步就是把你玩遊戲的時間固定，這將會實際減少你玩遊戲的時間，你要明白自己只是在這個時段裡接觸遊戲，而在其他任何時間都不能碰遊戲。

其次，盡量嘗試讓自己輕易地放棄一局沒有打完的遊戲。這樣，你就會慢慢地發現遊戲根本沒什麼意思（學會放棄遊戲），放棄一局沒打完的遊戲也沒什麼大不了的。

按照以上方法堅持一段時間，你就會發現，遊戲對你的誘惑就沒有那麼大了。

名師點評：電腦遊戲並非是什麼洪水猛獸。問題的關鍵在於中學生的自制力及時間方面的分配。電腦是文明發展的標誌，遊戲是中學生興趣的所在。如何讓中學生充分享受電腦遊戲的樂趣，並在這種樂趣中成長、成熟，加強自身的自制能力培養，學習自己缺乏的知識，這才是我們應該考慮的。

家長專欄：首先要搞清楚電腦遊戲是怎樣一種娛樂方式，它是怎樣讓孩子們娛樂的，才能有針對性地指導孩子如何處理讀書與遊戲的關係。

學生收穫：自己能夠處理好玩與學的關係，就不會因為玩電腦遊戲而造成學業成績下降。

第八章

坦坦蕩蕩話青春

1 用愉悅的心情欣賞自己的青春萌動

青春猶如一縷春風悄悄地吹進了少男少女們的心田，彷彿一夜之間，沉睡了10多年的夢被喚醒了，許許多多從來沒有過的念頭開始隱約閃現：想與異性同學交往、相處；想與心中的白馬王子、白雪公主約會……白天，越來越容易出神了，夜晚，有時還會夢到與異性在一起。少男少女們越來越多地關注自己的身體變化，關注異性同學的一舉一動，想像著他們對自己的感覺……這就是青春期青春萌動，是青春期少男少女們性意識覺醒的表現。

性意識覺醒是一種正常而普遍的心理現象，它是青春期少男少女們性生理發育的必然結果。在青春期裡，他們除了身高、體重、體形發生較大變化之外，還開始出現第二性徵：男同學喉結突出，聲調低沉，長出鬍鬚，出現遺精等；女同學乳房發育，骨盆變寬，皮下脂肪增多，聲調增高，月經出現等。隨著這些性生理現象的出現，性意識也開始覺醒和增強，這是進入青春期向成人過渡的一個信號，是人生成長過程中要經歷的一個必然階段。

性意識的產生是普遍、正常的現象，因爲我們開始長大了，

所以就不應該爲它感到恐懼和煩惱。在現實生活中，很多同學卻對此感到迷惑不解，甚至惶恐不安。有的還認爲：「自己年齡這麼小，就想到了與異性約會，甚至擁抱、接吻，這是多麼下流和無恥的事情。」進而有意識地去壓抑自己剛剛開始覺醒和增強的性意識。事實上，這是完全沒有必要的，也是不可取的，壓抑它會適得其反。

那麼，如何面對性意識的覺醒呢？

一、學習科學的性知識，堅信性意識的覺醒是正常、普遍的現象，是每個人必然會經歷的，而絕不是道德不良、無恥下流。

二、要學會用愉悅、欣賞的心情去對待自己的青春萌動，要明白這是自己長大的信號和標誌，但是，又不能沉溺其中，也不要刻意去壓抑，才不會陷入困惑和迷茫之中。

三、把主要精力放在讀書和正常的娛樂活動上，使自己生活充實，這樣就可以不給自己留下太多的「閒暇」時間，進而減少「幻想」和接觸不良刺激的時間和機會。

名師點評：性意識的覺醒與發展是人生發展過程中十分正常也是十分必要的事情，是中學生自我意識發展中的一個重要方面。從此，中學生自我意識的各個層面都和他們的性意識聯繫在一起。他們開始真正以一個男性或女性的自我在社會中呈現出來。他們對社會中的他人也開始真正以一個男性或女性的角度來對待。

家長專欄：剛剛湧現青春萌動的孩子們，對於自己身上發生的變化還沒有足夠的心理準備和相對的知識，因此有必要透過正常的途徑和方法幫助他（她）們正確瞭解有關的性知識，弄懂這些變化發生的內在機制。

學生收穫：翻閱醫學書刊，收聽專欄廣播，請教師長或朋友是獲取性知識的一些途徑。

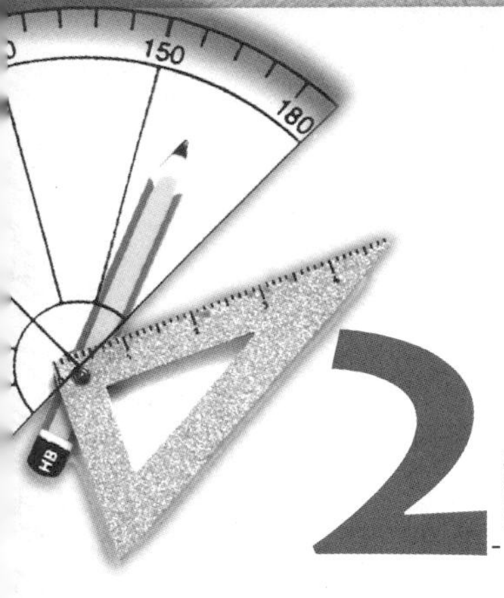

2 講究衛生，照顧好自己的身體

進入青春期的中學生，由於身體的迅速發育，生殖器官的逐漸成熟和性激素分泌的增多，會遇到一些從未出現過的生理現象，如女孩會月經來潮、乳房迅速漲大，男孩會出現遺精等。這些現象會使他們感到焦慮和不安。即時瞭解青春期知識，正確認識這些生理現象，學會做好青春期衛生保健，學會照顧自己的身體，是非常必要和必須的。

一、青春期女孩的衛生保健

女性生殖器官的形態、結構和功能比較複雜，也容易被細菌等病原微生物感染，因此，女性生殖器官的衛生保健尤爲重要。做好女性生殖器官的衛生保健，應從以下幾個方面入手：

1、保持外陰的清潔

女孩子要養成每天用溫水清洗外陰的習慣，特別是在月經期。因爲這一時期生殖器官的局部防禦能力會發生暫時性的減退，容易被細菌感染，造成陰部和尿道發炎，嚴重的還會侵犯子宮、輸卵管和卵巢，甚至還可能影響今後的生育能力。洗完後可以先擦乾陰部，讓陰部乾後再穿短褲。

2、勤換內褲

女孩子的內褲要選擇吸水性及透氣性好的純棉製品。不僅是在月經期，就是在平時也應該做到勤換內褲。

3、注意經期的衛生保健

要做好月經期的衛生保健，最重要的是要做好外陰部衛生。每天要用溫開水清洗外陰部及周圍部位，清洗時應先洗會陰部，再洗會陰、肛門，以免把肛門的細菌帶到陰部。經期不要使用浴缸泡澡，以免髒水進入陰道，引起感染；清洗陰部的毛巾和臉盆還要專用，並注意保持清潔。其次，要用潔淨的衛生棉、衛生護墊。另外，經期要注意保暖，不要受涼。不要用冷水洗頭、洗澡、洗腳，更不要游泳。要注意飲食衛生，多吃營養豐富容易消化的食品，要避免劇烈運動和過重的體力勞動，注意休息，保持充足的睡眠。

二、青春期男孩的衛生保健

青春期男孩子生殖器官的衛生保健，應從以下幾個方面入手：

1、要經常清洗外生殖器官

一般人認爲每天清洗外陰是女孩子的事，男孩子大可不必，這種觀點是不對的。

清洗用水不要太熱，先清洗外生殖器官後再洗肛門，不要顛倒順序，否則容易引起污染；所用毛巾要專用。清洗陰莖時要上翻包皮，徹底清洗包皮內面和冠狀溝，擦乾後包皮恢復原位，以免因包皮口狹窄引起嵌頓性包皮。清洗時切莫玩弄陰莖，以免引起性衝動而誘發自慰行爲。

2、勤換內褲

勤換內褲可以保持外生殖器的清潔。男孩內褲應該寬鬆一些，內褲質料最好選用透氣性強的棉紡織品。

3、要注意避免睪丸的意外受傷

男孩子喜歡運動和奔跑、打鬧，在這些活動中，要隨時注意保護自己的生殖器，避免受傷。因爲男孩子的整個外生殖器部位，包括陰莖和陰囊，都是要害部位，尤其是位於陰囊內的睪丸，更是個捏不得、碰不得的「嬌嫩」器官，它神經豐富，對擠壓、碰撞等外力打擊尤其敏感，又因它露在體外而比較容易受到傷害，哪怕是輕微的撞擊，也會產生劇烈的疼痛。因此，男孩子在日常生活中注意保護好下身，避免意外受傷，是非常重要和必要的。

名師點評：由於生理上的許多變化，成長中的男孩、女孩既興奮而又羞澀。此時如果不能正確理解這些變化，很容易出現生殖健康方面的問題。關鍵問題是他們要懂得自身的生理變化和青春期衛生知識。

家長專欄：家長應該學會在適當的時候，逐步對孩子灌輸一些青春期的知識，讓他們了解一些基本的生理現象，同時，還應加強他們對青春期的衛生指導。

學生收穫：大人的幫助，是對我們的信任和關愛。

3 走出困惑，培養健康的性心理

青春期的中學生，親身體驗著性生理發育的過程，感覺到了自身的變化，並對異性的生理特徵感到好奇。在書報雜誌、文學作品、影視節目中對兩性的描寫，促使男女生醒悟到男女的眞正差異，這就是性意識的萌發。性意識萌發使少年們產生一系列的心理體驗，體驗到異性的吸引。這就是性心理。

專家的研究發現，性心理的發展大致分爲三個階段：性疏遠期、性接近期、愛慕依戀期。這三個階段是連續出現的，沒有明顯的界限。

性疏遠期

好像從小學六年級就開始了，我們告別了青梅竹馬、兩小無猜的童年期，進入青春期。原來男女同學談笑、共同回家、經常接觸的局面發生了變化。漸漸長大的我們忽然變得很陌生，男女同學見面都迴避，互不打招呼，不在一起玩，甚至同班的男女生之間也劃分出界線。我們不知爲什麼對性別非常敏感，老師把男女兩位同學叫到辦公室補習功課，下面也要說笑騷動一番。甚至班上出現表面的不團結，男女同學互相挑剔。男生說女生嬌氣，女生說男生粗野。我們也不喜歡自己身體發生的變化，這種情緒多數是女生先表現出來的，她們經常爲自己身體的變化，如胸部隆起而感到羞怯和不安。

性接近期

過了性疏遠期，男女生產生互相關注、互相接近的心理需要，彼此之間的「溝」很快塡平。我們喜歡在一起讀書，討論問題，喜歡一起天南地北地聊天，更喜歡一起參加各種活動。有男有女，情緒高昂，十分愜意。男女同學彼此用欣賞的眼光看對方的服飾、言行、表情。有的大膽：「喂，你的打扮眞酷呀，帥呆了。」有的含蓄，在矜持地微笑著。我們在一起都很快樂，但是我們的心理並不複雜，在女孩心目中，有了男孩，世界才生機勃勃。而男孩呢，感覺有了女孩，這個世界才絢麗多彩。

愛慕依戀期

在與同學一起讀書、活動中，我們之中有的同學開始把愛的情感傾注在某個人身上，產生初戀的萌芽。有的默默地欣賞著、喜歡著、愛著，把愛的種子埋在心中，沒有讓它發芽；有的卻不顧一切地去追求愛情的甜蜜，給異性寫求愛信、秘密約會等。

這個時期雖然有些男女生之間產生了互相喜歡，甚至依戀，愛得難以分開，但這種愛是朦朧的，是兩性間自然的吸引，沒有目標，很純潔也很幼稚。這種愛也是盲目的、衝動的、缺乏理智的、不計後果的。因此，在這個時期一定要學會正確處理異性朋友之間的關係，避免出現大人們最擔心的所謂「早戀」。

名師點評：青少年進入青春期以後，性心理會發生一系列變化。男女很自然地對異性由好奇產生好感，迫切希望接觸，增加交往和瞭解，有時還可能產生朦朧的並不專一的戀情，他（她）們開始注重修飾自己的儀表和文飾自己的言行，但對於自己身上發生的變化卻沒有足夠的心理準備和相對的知識，因此有必要透過正常的途徑和方法幫助他（她）們正確瞭解有關的性知識。

家長專欄：家庭和學校要重視孩子們的這種心理變化，幫助他們健康地成長。

學生收穫：信任和引導是我們渴望的。

4 學會正確處理對異性的關注和愛戀

老師，請您救救我！

我是一個沒有出息的學生。都高三了我卻陷入了「感情」的漩渦之中，不能自拔。

大約在兩個月以前的春節同學聚會時，我對同年級的一位女生產生了強烈的好感，當時兩人交流了大學指考志願及讀書上的許多問題，十分投機。從此我再也不是一個完整的我了。每天昏昏沉沉，無所事事。上課時經常出神，滿腦子都是她的影子。從那次以後，我幾乎每天凌晨兩三點鐘必醒（大概算失眠吧！），我感覺我正在下墜，我眞的不可救藥了。我也試圖忘掉她，可是做不到，我眞的不能控制自己了。還有三個月就要大學指考了，我無心複習功課怎麼辦？我鼓起勇氣，打電話向她表白，又寫紙條要求約會，均被她拒絕。越是這樣，越是思念，有時甚至還做了以她爲性對象的春夢……我執著地追求，可是落到了這個「可憐」的地步，我是不是很壞，很不道德？

這是一位高三男生寫給老師的求救信，寫信的男生不會正確處理對異性的關注和愛戀，而沉入了「單相思」的漩渦。

其實，對異性的關注和愛戀，是正常的青春萌動和性意識覺醒。關注和愛戀甚至「單相思」都不可怕，可怕的是將自己封閉在所謂的關注和愛戀之中。像前面的高三男生，應該得到老師的讚揚，因爲他寫求救信，其實是呼喚別人的幫助，是擺脫苦悶困惑的積極辦法，也是傾吐自己的煩惱和苦悶，宣洩負面情緒極好的辦法。因此，他將會很快處理好對異性的關注和愛戀的。

除了寫信求救、在別人幫助下處理好自己對異性的關注和愛戀外，正確處理對異性的關注和愛戀還有一種最爲積極的方法。那就是把關注和愛戀昇華成前進發展的動力。如果你關注和愛戀的異性是同年齡的人，那麼，你就爲最終贏得對方的愛而奮發圖強，用智力的開發和學業上的成績來提高自己的價值；如果你關注和愛戀的對象是老師，那麼，把這種喜歡當作讀書的動力，努力做老師喜歡的好學生，增加你在老師心目中的份量，將對老師的熱愛昇華到對學科的熱愛，對讀書的熱愛。

由於昇華將減輕關注和愛戀的壓力，將關注和愛戀的情感變成動力，長時間後會慢慢淡化這種愛戀的情緒，並使自己的感情和人格力量得到飛躍，以產生對社會的正面意義。

名師點評：處於青春期的中學生對異性有傾慕之情、關注異性，是一種正常的生理反應，不必大驚小怪。但如果把這種情感付諸行動，具體地追求一個目標，去體會其中的苦與樂，這便是「早戀」了。

家長專欄：孩子真正需要的是一個引導者——成熟、有頭腦、能明白和分析事理，在他們需要幫助時能立即伸出援助之手的人。如果父母能把這個角色扮演好，會經常得到前所未有的滿足感。

學生收穫：關注異性是一種最常見的現象，也是一種正常的心理現象。

5 等到蘋果成熟時！

下面是一名服安眠藥自殺，後經搶救恢復健康的高二女同學的自述。

一年前，高一下學期，我們班轉來了一位男同學，在一次模擬考試後，他的成績名列全班第一，引得大家對他刮目相看，當時對我的震動很大，因爲他動搖了我在班上成績第一的地位。於是我暗下決心，下一次一定要超越他。這下子我們倆暗中較上了勁，我千方百計改進讀書方法，沒想到期中考他還是第一。終於有一天，我鼓起勇氣寫了一張紙條給他：「你星期天有空嗎？我有事向你請教……」他看完紙條，對我微微一笑，點點頭，當時我羞紅了臉，懷中像揣了個小兔蹦蹦地跳。按約定我們見了面，這天我們談得很愉快，也很投機。後來我們接觸越來越多，每次約會都會讓我倆感到愉悅。一天我們在興奮和衝動的情況下，發生了性關係。就一次我懷孕了，當時我的情緒、我的學業、我的自尊、我的自信都受到極大的影響。我好不容易鼓起勇氣面對父母，面對老師和同學時，沒想到他竟然又與二班一位女同學好上了。我氣憤極了，原本好勝心強的我，這次徹底失敗了，活著還有什麼意義呢？所以，我決定提前結束自己的生命……

上面的事例，是一起典型的中學生「早戀」導致的悲劇。有關研究資料顯示，中學生有戀愛行爲的比例大體是5％～10％，而具有「戀愛意向」的比例遠遠大於「早戀行爲」的實際比例，這說明早戀現象在中學生中確實存在，而且有蔓延發展的趨勢。

其實，早戀對中學生朋友而言，有著許多的危害。

一、分散精力，影響學業。俗話說：「談戀愛就是要談，不談就不稱其爲戀愛。」談戀愛必然會耗去大量的時間和精力，對於正處於長知識、長才幹、長身體的黃金時代的中學生來說，是一件很不划算的事情。有的同學說，談戀愛可以互相幫助、互相鼓勵，對讀書有好處。其實不然，談戀愛是一種複雜的生理要求和感情的交織，雙方都更多地關注對方，使自己的多種愛好、特長和有益的興趣得不到發展。況且，談戀愛不只是甜蜜，雙方偶有矛盾和衝突，就會造成感情的挫傷，直接影響到雙方的健康成長和全面發展。

二、早戀的成功率極低，往往是一朵迅速凋謝的不結果實的花。中學生的早戀，具有選擇的盲目性、情感的外露性、感情的波動性、群體的感染性等方面特點，而且缺乏社會認同、家庭認同、經濟基礎方面「硬體」的支撐，因此成功率極低，據調查不到3％。其結果是夢一場，既浪費時間和感情，有時還會造成心靈的創傷，給今後的戀愛和組建家庭留下陰影。

三、容易導入性嘗試，發生婚前性行爲。處於青春期的男女生自制力較弱，進入早戀後，可能偷食禁果，如本文開頭的事例一樣，上演的是一幕悲劇。

成熟的蘋果紅潤可愛、香甜可口，未成熟的青蘋果卻苦澀難嚥。「夏摘秋果」必然不能品嚐到它應有的美味，這是自然界的規律，人的成長何嘗不是這樣的呢？青少年朋友們，請時刻牢記，自己現階段的中心任務是讀書。今天的讀書和未來的幸福生活是分不開的，如果爲目前的不成熟愛情而荒廢了學業，那是多麼不値呀！因早戀帶來的挫折而付出自己年輕寶貴的生命更是不可取的。請你們爲了自己一生的幸福，不要著急，讓自己在不斷地學習中成熟起來吧！等到蘋果成熟時，再去享受你那愛和被愛的權利吧！

名師點評：青春期的生理雖已在本能上成熟，對異性感與趣也無可厚非，但這一時期的思想、心理、智力、認知能力都遠未達到社會文化意義上的成熟。如果任憑自己的欲望左右，放任自己的情緒衝動，進而仿效成年男女那樣談情説愛，可能貽誤青春年華，荒廢學業，為那份早來的、不成熟的感情付出沉重的代價。

家長專欄：感情一旦爆發，是難以遏制的，所以，要學會克制自己的感情。其實，對異性朦朧的感情是最純潔、最美好的，最值得收藏在記憶中，給自己的人生留下一朵溫馨的浪花。

學生收穫：在青少年階段應將心力放在課業上，太早談戀愛並不是一件甜蜜的事。

國家圖書館出版品預行編目資料

考試，不再有壓力／陳光總主編.
第一版——臺北市：紅蕃薯文化出版；
紅螞蟻圖書發行, 2009.5
面； 公分. ——（資優學園；17）

ISBN 978-986-84553-9-9（平裝）

1.學習方法 2.升學考試 3.自我肯定 4.青少年教育
521.1 98004684

資優學園 17
考試，不再有壓力
總主編／陳 光
美術構成／魏淑萍
校 對／周英嬌、楊安妮、朱慧蒨
發行人／賴秀珍
榮譽總監／張錦基
總編輯／何南輝
出 版／紅蕃薯文化出版有限公司
發 行／紅螞蟻圖書有限公司
地 址／台北市內湖區舊宗路二段121巷28號4F
網 站／www.e-redant.com
郵撥帳號／1604621-1 紅螞蟻圖書有限公司
電 話／(02)2795-3656（代表號）
傳 真／(02)2795-4100
數位閱聽／www.onlinebook.com
港澳總經銷／和平圖書有限公司
地 址／香港柴灣嘉業街12號百樂門大廈17F
電 話／(852)2804-6687
新馬總經銷／諾文文化事業私人有限公司
新加坡／TEL:(65)6462-6141 FAX:(65)6469-4043
馬來西亞／TEL:(603)9179-6333 FAX:(603)9179-6060
法律顧問／許晏賓律師
印刷廠／鴻運彩色印刷有限公司
出版日期／2009年5月 第一版第一刷

定價250元 港幣83元

ISBN 978-986-84553-9-9 Printed in Taiwan